RICARDO NEFTALÍ REYES [...] a de Parral, em 12 de ju[lho de 1904]. Sua mãe era professora e morreu logo após o nascimento do filho. Seu pai, que era ferroviário, mudou-se para a cidade de Temuco, onde se casou novamente. Ricardo passou a infância perto de florestas, em meio à natureza virgem, o que marcaria para sempre seu imaginário, refletindo-se na sua obra literária.

Com treze anos, começou a contribuir com alguns textos para o jornal *La Montaña*. Foi em 1920 que surgiu o pseudônimo Pablo Neruda – uma homenagem ao poeta tchecoslovaco Jan Neruda. Vários dos poemas desse período estão presentes em *Crepusculário*, o primeiro livro do poeta, publicado em 1923.

Além das suas atividades literárias, Neruda estudou francês e pedagogia na Universidade do Chile. No período de 1927 a 1935, trabalhou como diplomata, vivendo em Burma, Sri Lanka, Java, Cingapura, Buenos Aires, Barcelona e Madri. Em 1930, casou-se com María Antonieta Hagenaar, de quem se divorciaria em 1936. Em 1955, conheceu Mathilde Urrutia, com quem ficaria até o final da vida.

Em meio às turbulências políticas do período entreguerras, publicou o livro que marcaria um novo período em sua obra, *Residência na Terra* (1933). Em 1936, o estouro da Guerra Civil Espanhola e o assassinato de García Lorca aproximaram o poeta chileno dos republicanos espanhóis, e ele acabou destituído de seu cargo consular. Em 1943, voltou ao Chile, e, em 1945 foi eleito senador da república, filiando-se ao partido comunista chileno. Teve de viver clandestinamente em seu próprio país por dois anos, até exilar-se, em 1949. Um ano depois foi publicado no México e clandestinamente no Chile o livro *Canto geral*. Além de ser o título mais célebre de Neruda, é uma obra-prima de poesia telúrica que exalta poderosamente toda a vida do Novo

Mundo, denuncia a impostura dos conquistadores e a tristeza dos povos explorados, expressando um grito de fraternidade através de imagens poderosas.

Após viver em diversos países, Neruda voltou ao Chile em 1952. Muito do que ele escreveu nesse tempo tem profundas marcas políticas, como é o caso de *As uvas e o vento* (1954), que pode ser considerado o diário de exílio do poeta. Em 1971, Pablo Neruda recebeu a honraria máxima para um escritor, o Prêmio Nobel de Literatura. Morreu em Santiago do Chile, em 23 de setembro de 1973, apenas alguns dias após o golpe militar que depusera da presidência do país o seu amigo Salvador Allende.

Livros do autor na Coleção **L&PM** POCKET:

A barcarola
Cantos cerimoniais (Edição bilíngüe)
Cem sonetos de amor
O coração amarelo (Edição bilíngüe)
Crepusculário (Edição bilíngüe)
Defeitos escolhidos & 2000 (Edição bilíngüe)
Elegia (Edição bilíngüe)
Jardim de inverno (Edição bilíngüe)
Livro das perguntas (Edição bilíngüe)
Memorial de Isla Negra
Residência na terra I (Edição bilíngüe)
Residência na terra II (Edição bilíngüe)
A rosa separada (Edição bilíngüe)
Terceira residência (Edição bilíngüe)
Últimos poemas (Edição bilíngüe)
As uvas e o vento

PABLO NERUDA

CANTOS CERIMONIAIS

Tradução de JOSÉ EDUARDO DEGRAZIA

Edição bilíngüe

www.lpm.com.br

L&PM POCKET

Coleção **L&PM** POCKET, vol. 393

Título do original espanhol: *Cantos ceremoniales*

Primeira edição na Coleção **L&PM** POCKET: fevereiro de 2005
Esta reimpressão: julho de 2010

Capa: Ivan Pinheiro Machado sobre pintura de Odile Redon (1840-1916), *Les yeux clos*, Museu d'Orsay, Paris.
Tradução: José Eduardo Degrazia
Revisão: Jó Saldanha, Renato Deitos

ISBN: 978.85.254.1365-9

N454c Neruda, Pablo, 1904-1973.
        Cantos cerimoniais / Neftali Ricardo Reyes; tradução de José Eduardo Degrazia. -- Porto Alegre: L&PM, 2010.
        192 p. ; 18 cm. -- (Coleção L&PM POCKET ; v. 393)

        Nota: Edição bilíngüe: espanhol-português.

    1.Ficção chilena-poesias. 2.Reyes, Neftali Ricardo, 1904-1973. I.Título. II.Série.

                CDD Ch861
                CDU 821.134.2(83)-1

Catalogação elaborada por Izabel A. Merlo, CRB 10/329

© Fundación Pablo Neruda, 1961

Todos os direitos desta edição reservados a L&PM Editores
Rua Comendador Coruja 314, loja 9 – Floresta – 90220-180
Porto Alegre – RS – Brasil / Fone: 51.3225.5777 – Fax: 51.3221-5380

PEDIDOS & DEPTO. COMERCIAL: vendas@lpm.com.br
FALE CONOSCO: info@lpm.com.br
www.lpm.com.br

Impresso no Brasil
Inverno de 2010

CANTO E LITURGIA

José Eduardo Degrazia

A vida de Pablo Neruda foi repleta de aventuras, mas não foi fácil. Desde a infância órfã no sul chuvoso do Chile, passando pelo jovem poeta vestido de negro de sua fase simbolista – época em que passou fome e solidão –, até sua carreira diplomática no distante Oriente nos anos 20 e sua participação apaixonada na guerra civil espanhola nos anos 30, tudo foi vivido intensamente e integralmente e com grandes dificuldades. No pós-guerra ainda foi perseguido, no final dos anos 40 e início dos 50, pelo ditador de seu país, González Videla, tendo que se exilar na Argentina e depois na Europa.

Mas a partir do final da década de 50, o reconhecimento universal de sua obra e o amor de Matilde Urrutia trouxeram anos de paz e de intenso trabalho ao poeta. Suas grandes sínteses poéticas já tinham sido feitas nos livros *Primeira*, *Segunda* e *Terceira residência*, e no *Canto geral*. Exercitou depois a voz mais sintética das odes e dos poemas amorosos, mais realistas e cotidianos em inúmeros livros, chegando ao ano de 1961 com a forte maturidade destes *Cantos cerimoniais*, onde, junto com a continuidade formal de poemas longos, polimétricos, variando do surrealismo ao realismo descritivo, aborda a história do continente americano através da emblemática figura da amante de Bolívar, Manuela Sáenz, a natureza ciclópica do continente pela violência de seus vulcões e águas torrenciais, pelo clima luminoso do verão chileno.

Parece-me, no entanto, que o grande momento do livro é o poema *Fim de festa*, que encerra o livro. Depois de uma noite de festa em sua casa, separando-se dos convidados, das luzes e da alegria, o poeta entra em profundo cismar em relação ao tempo e à natureza e à sua própria trajetória de homem e de poeta: "(...) y otra vez en la mesa está el mar,/todo está como estuvo dispuesto entre las olas,/seguramente así seguirá siendo.// Seguirá siendo, pero yo, invisible,/ alguna vez yá no podré volver/con brazos, manos, pies, ojos, entendimiento,/ enredados en sombra verdadera".

A beleza e a força do mundo seguem dentro e fora do poeta que se sabe finito em suas escolhas, mas fortalecido nelas e na força da palavra: "(...) pero es com ternura indecible/ que nos llaman la mesa, la silla, la cuchara, y en plena guerra oímos cómo gritan las copas". E o poeta está impregnado de tudo o que viveu e sentiu: "Al fin de todo no se recuerda la hoja / del bosque, pero quedan/el olor y el temblor en la memoria: /de aquella selva aún vivo impregnado, / aún susurra en mis venas el follaje,(...)".

O poeta afirma-se na contemplação de si mesmo e de sua paisagem natal: "(...) y yo me llamo Pablo, /soy el mismo hasta ahora, /tengo amor, tengo dudas, /tengo deudas, /tengo el inmenso mar con empleados /que mueven ola y ola, /tengo tanta intemperie que visito/naciones no nacidas: (...)/(...)y siempre regresé, no tuve paz: /qué podía decir sin mis raíces?".

A idéia totalizadora da vida humana, diante do social e da natureza e de sua finitude, faz entender o próprio título do livro, *Cantos cerimoniais*, sendo a vida um ato litúrgico e a poesia sua exata tradução. Vida e poesia num mesmo livro, e o poeta fazendo o balanço de sua trajetória: "(...) dije: 'aquí estoy', me desnudé en la luz, /dejé caer las manos en el mar, /y cuando todo estaba transparente,/bajo la tierra, me quedé tranquilo".

Dez anos depois e vários livros mais, o poeta recebia o galardão do prêmio Nobel. Seguiram-se dois curtos anos para que os fados novamente mudassem sua vida. O golpe de Pinochet derrubando o governo de Salvador Allende abala profundamente Pablo Neruda que, já doente, não resiste e vem a falecer, poucos dias depois, na companhia de sua mulher. O velório na casa destruída de Santiago, descrito por Matilde Urrutia*, é uma passagem das mais tristes e demonstra até onde pode ir a insensatez humana.

Fiquemos com o poeta: "y cuando todo estaba transparente, /bajo la tierra, me quedé tranquilo".

---

* URRUTIA, Matilde. *Minha vida com Pablo Neruda*. Rio de Janeiro: Bertrand do Brasil, 1990.

CANTOS CERIMONIAIS

SUMÁRIO

El sobrino de occidente 10
O sobrinho do ocidente 11
La insepulta de paita 16
A insepulta de paita 17
Prólogo 18
Prólogo 19
El gran verano 60
O grande verão 61
Toro 76
Touro 77
Cordilleras 88
Cordilheiras 89
Elegía de Cádiz 98
Elegia de Cádiz 99
Cataclismo 114
Cataclismo 115
Lautréamont reconquistado 134
Lautréamont reconquistado 135
Oceana 146
Oceania 147
Fin de fiesta 158
Fim de festa 159

EL SOBRINO DE OCCIDENTE

O SOBRINHO DO OCIDENTE

CUANDO tuve quince años cumplidos llegó mi tío Manuel
con una valija pesada, camisas, zapatos y un libro.
El libro era Simbad el Marino y supe de pronto
que más allá de la lluvia estaba el mundo
claro como un melón, resbaloso y florido.
Me eduqué, sin embargo, a caballo, lloviendo.
En aquellas provincias, el trigo
movía el verano como una bandera amarilla
y la soledad era pura,
era un libro entreabierto, un armario con sol olvidado.

Veinte años! Naufragio!
Delirante batalla,
la letra
y la letra,
el azul,
el amor,
y Simbad sin orillas,
y entonces
la noche delgada,
la luz crepitante del vino.

Pregunto libro a libro, son las puertas, hay alguien
que se asoma y responde y luego no hay
respuesta, se fueron las hojas,
se golpea a la entrada del capítulo,
se fue Pascal, huyó con los Tres Mosqueteros,
Lautréamont cayó de su tela de araña,

Quando completei quinze anos, chegou meu tio Manuel
com uma valise pesada, camisas, sapatos e um livro.
O livro era Simbad, o Marujo e soube logo
que mais além da chuva estava o mundo
claro como um melão, deslizante e florido.
Fui educado, no entanto, a cavalo, chovendo.
Naquelas províncias o trigo
movia o verão como uma bandeira amarela
e a solidão era pura,
era um livro entreaberto, um armário com sol esquecido.

Vinte anos! Naufrágio!
Delirante batalha,
a letra
e a letra,
o azul,
o amor,
e Simbad sem margens,
e então
a noite afinada,
a luz crepitante do vinho.

Pergunto livro a livro, são as portas, há alguém
que se mostra e responde e logo não há
resposta, foram-se as folhas,
bate-se na entrada do capítulo,
Pascal se foi, fugiu com os Três Mosqueteiros,
Lautréamont caiu de sua teia de aranha,

Quevedo, el preso prófugo, el aprendiz de muerto
galopa en su esqueleto de caballo
y, en suma, no responden en los libros:
se fueron todos, la casa está vacía.
Y cuando abres la puerta hay un espejo
en que te ves entero y te da frío.

De occidente, sí – sí sí sí sí –,
manchado por tabaco y humedad,
desvencijado como un carro viejo
que dejó una por una sus ruedas en la luna.
Sí, sí, después de todo, el nacimiento
no sirve, lo arregla, desarregla
todo: después la vida de las calles,
el ácido oficial de oficinas y empleos,
la profesión raída del pobre intelectual.
Así entre Bach y poker de estudiantes
el alma se consume, sube y baja,
la sangre toma forma de escaleras,
el termómetro ordena y estimula.

La arena que perdimos, la piedra, los follajes,
lo que fuimos, la cinta salvaje del nonato
se va quedando atrás y nadie llora:
la ciudad se comió no sólo a la muchacha
que llegó de Toltén con un canasto claro
de huevos y gallinas, sino que a ti también,
occidental, hermano entrecruzado,
hostil, canalla de la jerarquía,
y poco a poco el mundo tiene gusto a gusano
y no hay hierba, no existe rocío en el planeta.

Quevedo, o preso prófugo, o aprendiz de morto
trota no seu esqueleto de cavalo
e, em suma, não respondem nos seus livros:
foram-se todos, a casa está vazia.
E quando abres a porta tem um espelho
em que te vês inteiro e te dá frio.

Do ocidente, sim, – sim, sim, sim, sim –,
manchado de tabaco e de umidade,
desvencilhado como um carro velho,
que deixou uma por uma suas rodas na lua.
Sim, sim, depois de tudo, o nascimento
não serve, arruma e desarruma
tudo: depois a vida pelas ruas,
o ácido oficial de escritórios e empregos,
a profissão roída do pobre intelectual.
Assim entre Bach e pôquer estudantil
a alma vai consumida, sobe e baixa,
o sangue na forma de escadarias,
que o termômetro ordena e estimula.

A areia que perdemos, a pedra, as folhagens,
o que fomos, cintura selvagem do nonato
vai ficar para trás e ninguém chora:
a cidade engoliu não só a mocinha
que chegou de Toltén com uma canastra clara
de ovos e de galinhas, mas a ti também,
ocidental, irmão meu encontrado,
este hostil, um canalha da hierarquia,
e pouco a pouco o mundo tem gosto de verme
e não tem erva, não tem rocio no planeta.

LA INSEPULTA DE PAITA

ELEGÍA DEDICADA A LA MEMORIA
DE MANUELA SÁENZ
AMANTE DE SIMÓN BOLÍVAR

A INSEPULTA DE PAITA

ELEGIA DEDICADA À MEMÓRIA DE MANUELA SÁENZ AMANTE DE SIMÓN BOLÍVAR

PRÓLOGO

Desde Valparaíso por el mar.

El Pacífico, duro camino de cuchillos.

Sol que fallece, cielo que navega.

Y el barco, insecto seco, sobre el agua.

Cada día es un fuego, una corona.

La noche apaga, esparce, disemina.

Oh día, oh noche,

oh naves

de la sombra y la luz, naves gemelas!

Oh tiempo, estela rota del navío!

Lento, hacia Panamá, navega el aire.

Oh mar, flor extendida del reposo!

No vamos ni volvemos ni sabemos.

Con los ojos cerrados existimos.

I

La costa Surgió como un puñal
peruana entre los dos azules enemigos,
cadena erial, silencio,
y acompañó a la nave
de noche interrumpida por la sombra

PRÓLOGO

Desde Valparaíso pelo mar.

O Pacífico, duro caminho de facas.

O sol que desmaia, e um céu que navega.

E o barco, um inseto seco sobre a água.

Cada dia é como um fogo, uma coroa.

A noite apaga, esparge, dissemina.

Oh dia, oh noite,

oh naves

da sombra e da luz eram naves gêmeas!

Oh tempo, esteira rota de navio!

Lento, até o Panamá, navega o ar.

Oh mar, flor estendida do repouso!

Não vamos nem voltamos nem sabemos.

Com os olhos fechados existimos.

I

A costa   Surgiu como um punhal
peruana   entre os dois azuis que são inimigos,
cadeia agreste, silêncio,
e acompanhou a nave
da noite interrompida pela sombra

de día allí otra vez la misma,
muda como una boca
que cerró para siempre su secreto,
y tenazmente sola
sin otras amenazas
que el silencio.

Oh larga
cordillera
de arena y desdentada
soledad, oh desnuda
y dormida
estatua huraña,
a quién,
a quiénes
despediste
hacia el mar, hacia los mares,
a quién
desde los mares
ahora
esperas?

Qué flor salió,
qué embarcación florida
a fundar en el mar la primavera
y te dejó los huesos
del osario,
la cueva
de la muerte metálica,
el monte carcomido

de dia ali outra vez igual,
muda como uma boca
que encerrou para sempre o seu segredo,
e tenazmente só
sem ter outras ameaças
que o silêncio.

Ó grande
cordilheira
de areia e desdentada
solidão, ó desnuda
e adormecida
estátua intratável,
a quem,
a quem
despediste
até o mar, até os mares,
a quem
desde os mares
agora
esperas?

Que flor saiu,
que embarcação florida
para fundar no mar a primavera
e te deixou os ossos
do ossário,
a cova
da morte metálica,
o monte carcomido

por las sales violentas?
Y no volvió raíz ni primavera,
todo se fue en la ola y en el viento!

Cuando a través
de largas
horas
sigues,
desierto, junto al mar,
soledad arenosa,
ferruginosa muerte,
el viajero
ha gastado
su corazón errante:
no le diste
un solo
ramo de follaje y frescura,
ni canto de vertientes,
ni un techo que albergara
hombre y mujer amándose:
sólo el vuelo salado
del pájaro del mar
que salpicaba
las rocas
con espuma
y alejaba su adiós
del frío del planeta.

Atrás, adiós,
te dejo,

pelos sais violentos?
E não voltou raiz nem primavera,
tudo se foi na onda e no vento!

Quando através
de largas
horas
segues,
deserto, junto ao mar,
solidão arenosa,
ferruginosa morte,
o viajante
já gastou
seu coração errante:
não lhe deste
um só
ramo de folhagem e frescura,
nem canto de vertentes,
nem teto que albergara
um homem e uma mulher amando-se:
só o vôo salgado
do pássaro do mar
que salpicava
as rochas
com espuma
e afastava o seu adeus
do frio do planeta.

Atrás, adeus,
deixo-te,

costa
amarga.
En cada hombre
tiembla
una semilla
que busca
agua celeste
o fundación porosa:
cuando no vio sino una copa larga
de montes minerales
y el azul extendido
contra una inexorable
ciudadela,
cambia el hombre su rumbo,
continúa su viaje
dejando atrás la costa del desierto,
dejando
atrás
el olvido.

II

La insepulta EN PAITA preguntamos
por ella, la Difunta:
tocar, tocar la tierra
de la bella Enterrada.

No sabían.

Las balaustradas viejas,
los balcones celestes,
una vieja ciudad de enredaderas

costa
amarga.
Em cada homem
estremece
uma semente
que busca
água celeste
ou fundação porosa:
quando não viu senão a taça imensa
de montes minerais
e o azul estendido
contra uma inexorável
cidadela,
muda o homem seu rumo,
continua sua viagem
deixando atrás a costa do deserto,
deixando
atrás
o esquecimento.

II

A insepulta EM PAITA perguntamos
por ela, a Defunta:
tocar, tocar a terra
da bela Enterrada.

Não sabiam.

As balaustradas velhas,
os balcões celestes,
a velha cidade de trepadeiras

con un perfume audaz
como una cesta
de mangos invencibles,
de piñas,
de chirimoyas profundas,
las moscas
del mercado
zumban
sobre el abandonado desaliño,
entre las cercenadas
cabezas de pescado,
y las indias sentadas
vendiendo
los inciertos despojos
con majestad bravía
– soberanas de un reino
de cobre subterráneo –,
y el día era nublado,
el día era cansado,
el día era un perdido
caminante, en un largo
camino confundido
y polvoriento.

Detuve al niño, al hombre,

al anciano,

y no sabía dónde

falleció Manuelita,

ni cuál era su casa,

com um perfume audaz
como uma cesta
de mangas invencíveis,
de pinhas,
de melões profundos,
as moscas
do mercado
zumbem
sobre um abandonado desalinho,
entre as decapitadas
cabeças de pescado,
e as índias bem sentadas
vendendo
os incertos despojos
com bravia majestade,
– soberanas de um reino
de cobre subterrâneo –,
e o dia era nublado,
o dia era cansado,
o dia era um perdido
caminhante, num largo
caminho confundido
e poeirento.

Detive o menino, o homem,

o ancião,

não sabia o lugar onde

faleceu Manuelita,

nem qual era a sua casa,

ni dónde estaba ahora

el polvo de sus huesos.

Arriba iban los cerros amarillos,
secos como camellos,
en un viaje en que nada se movía,
en un viaje de muertos,
porque es el agua
el movimiento,
el manantial transcurre,
el río crece y canta,
y allí los montes duros
continuaron el tiempo:
era la edad, el viaje inmóvil
de los cerros pelados,
y yo les pregunté por Manuelita,
pero ellos no sabían,
no sabían el nombre de las flores.

Al mar le preguntamos,
al viejo océano.
El mar peruano
abrió en la espuma viejos ojos incas
y habló la desdentada boca de la turquesa.

III

El mar y   AQUÍ me llevó ella, la barquera,
Manuelita   la embarcadora de Colán, la brava.
Me navegó la bella, la recuerdo,
la sirena de los fusiles,

nem onde estava agora

a poeira dos seus ossos.

Para cima iam os cerros amarelos,
secos como camelos,
numa viagem em que nada se movia,
numa viagem de mortos,
porque é a água
o movimento,
o manancial transcorre,
o rio cresce e canta,
e ali os montes duros
continuaram o tempo:
era a idade, a viagem imóvel
dos cerros pelados,
e eu perguntei a eles por Manuelita,
mas eles não sabiam,
e não sabiam o nome das flores.

Ao mar lhe perguntamos,
ao velho oceano.
O mar peruano
abriu na espuma velhos olhos incas
e falou a desdentada boca de turquesa.

III

O mar e   AQUI me levou ela, uma barqueira,
Manuelita   uma barqueira de Colán, valente.
Navegou-me a bela, bem que a recordo,
a sereia dos fuzis,

la viuda de las redes,
la pequeña criolla traficante
de miel, palomas, piñas y pistolas.
Durmió entre las barricas,
amarrada a la pólvora insurgente,
a los pescados que recién alzaban
sobre la barca sus escalofríos,
al oro de los más fugaces días,
al fosfórico sueño de la rada.
Sí, recuerdo su piel de nardo negro,
sus ojos duros, sus férreas manos breves,

recuerdo a la perdida comandante
y aquí vivió
sobre estas mismas olas,
pero no sé dónde se fue,

no sé

dónde dejó al amor su último beso,

ni dónde la alcanzó la última ola.

IV

No la encontraremos

No, PERO en mar no yace la terrestre,
no hay Manuela sin rumbo, sin estrella,
sin barca, sola entre las tempestades.

Su corazón era de pan y entonces
se convirtió en harina y en arena,
se extendió por los montes abrasados,
por espacio cambió su soledad.
Y aquí no está y está la solitaria.

a viúva das redes,
a pequena nativa traficante
de mel e pombas, pinhas e pistolas.
Dormiu entre as barricas,
amarrada na pólvora insurgente,
aos pescados que recém levantavam
sobre a barca seus calafrios,
ao ouro dos mais fugazes dias,
ao fosfórico sonho da enseada.
Sim, recordo sua pele de nardo negro,
seus olhos duros, suas férreas mãos breves,

eu lembro da perdida comandante
e aqui viveu
sobre estas mesmas ondas,
mas não sei para onde foi,

não sei

onde deixou ao amor o último beijo,

e nem onde ela alcançou a última onda.

IV

Não a encontraremos NÃO, MAS no mar não jaz uma terrestre,
nem Manuela sem rumo, sem estrela,
sem barca, sozinha entre tempestades.

Seu coração era de pão e então
converteu-se em farinha e mais areia,
deitou-se pelos montes abrasados,
por espaço trocou sua solidão.
E aqui não está e está a solitária.

No descansa su mano, no es posible
encontrar sus anillos ni sus senos,
ni su boca que el rayo
navegó con su largo látigo de azahares.
No encontrará el viajero
a la dormida
de Paita en esta cripta, ni rodeada
por lanzas carcomidas, por inútil
mármol en el huraño cementerio
que contra polvo y mar guarda sus muertos,
en este promontorio, no,
no hay tumba para Manuelita,
no hay entierro para la flor,
no hay túmulo para la extendida,
no está su nombre en la madera
ni en la piedra feroz del templo.

Ella se fue, diseminada,
entre las duras cordilleras
y perdió entre sal y peñascos
los más tristes ojos del mundo,
y sus trenzas se convirtieron
en agua, en ríos del Perú,
y sus besos se adelgazaron
en el aire de las colinas,
y aquí está la tierra y los sueños
y las crepitantes banderas
y ella está aquí, pero ya nadie
puede reunir su belleza.

Não descansa sua mão, não é possível
encontrar os seus anéis nem seus seios,
nem sua boca que o raio
navegou com seu largo açoite em flor.
Não encontrará o viajante
a adormecida
de Paita nesta cripta, nem rodeada
por lanças carcomidas, pelo inútil
mármore desse agreste cemitério
que contra o pó e o mar guarda seus mortos,
neste promontório, que não,
não tem tumba para Manuelita,
não tem enterro para a flor,
não tem enterro para a estendida,
não tem seu nome na madeira
nem na pedra feroz do templo.

Ela se foi, disseminada,
por entre duras cordilheiras
e perdeu entre sal e penhascos
os mais tristes olhos do mundo,
e suas tranças se converteram
em água, nos rios do Peru,
e seus beijos se adelgaçaram
em meio ao ar dessas colinas,
e por aqui estão terra e sonhos
e suas crepitantes bandeiras
e ela está aqui, mas ninguém
pode reunir já sua beleza.

V

Falta el amante

AMANTE, para qué decir tu nombre?
Sólo ella en estos montes
permanece.
Él es sólo silencio,
es brusca soledad que continúa.

Amor y tierra establecieron
la solar amalgama,
y hasta este sol, el último,
el sol mortuorio
busca
la integridad de la que fue la luz.
Busca
y su rayo
a veces
moribundo
corta buscando, corta como espada,
se clava en las arenas,
y hace falta la mano del Amante
en la desgarradora empuñadura.

Hace falta tu nombre,
Amante muerto,
pero el silencio sabe que tu nombre
se fue a caballo por la sierra,
se fue a caballo con el viento.

V

Falta o amante

AMANTE, para que dizer teu nome?
Só ela nestes montes
permanece.
Ele é só silêncio,
é brusca solidão que continua.

Terra e amor estabeleceram
a amálgama solar,
e até o sol, o último,
o sol mortuário
busca
a integridade da que foi a luz.
Busca
e seu raio
às vezes
moribundo
corta buscando, corta como espada,
crava-se nas areias,
fazendo falta a mão do seu Amante
para a dilacerada empunhadura.

Faz falta o teu nome,
Amante morto,
mas o silêncio sabe que o teu nome
foi a cavalo pela serra,
foi a cavalo com o vento.

VI

Retrato ¿Quién vivió? ¿Quién vivía? ¿Quién amaba?

Malditas telarañas españolas!

En la noche la hoguera de ojos ecuatoriales,
tu corazón ardiendo en el vasto vacío:
así se confundió tu boca con la aurora.

Manuela, brasa y agua, columna que sostuvo
no una techumbre vaga sino una loca estrella.

Hasta hoy respiramos aquel amor herido,
aquella puñalada del sol en la distancia.

VII

En vano te *No, nadie reunirá tu firme forma,*
buscamos *ni resucitará tu arena ardiente,*
no volverá tu boca a abrir su doble pétalo,
ni se hinchará en tus senos la blanca vestidura.

La soledad dispuso sal, silencio, sargazo,
y tu silueta fue comida por la arena,
se perdió en el espacio tu silvestre cintura,
sola, sin el contacto del jinete imperioso
que galopó en el fuego hasta la muerte.

VIII

Manuela Aquí en las desoladas colinas no reposas,
material no escogiste el inmóvil universo del polvo.
Pero no eres espectro del alma en el vacío.
Tu recuerdo es materia, carne, fuego, naranja.

VI

Retrato QUEM VIVEU? Quem vivia? Quem amava?

Malditas teias de aranha espanholas!

Na noite a fogueira de olhos equatoriais,
teu coração ardendo num vasto vazio:
assim se confundiu a tua boca com a aurora.

Manuela, brasa e água, coluna que sustentou
não cobertura vaga, mas uma louca estrela.

Até hoje respiramos aquele amor ferido,
aquela punhalada do sol na distância.

VII

Em vão te *Não, ninguém reunirá tua firme forma,*
buscamos *nem ressuscitará tua areia ardente,*
não voltará tua boca a abrir sua dupla pétala,
nem inchará em teus seios a branca vestimenta.

A solidão dispôs sal, silêncio, sargaço,
e tua silhueta foi comida pela areia,
perdeu-se no espaço tua silvestre cintura,
só, sem o contato do ginete imperioso
que galopou no fogo e penetrou na morte.

VIII

Manuela AQUI nas desoladas colinas não repousas,
material não escolheste o imóvel universo de pó.
Mas tu não és um espectro da alma no vazio.
Tua lembrança é matéria, carne, fogo, laranja.

No asustarán tus pasos el salón del silencio,
a medianoche, ni volverás con la luna,
no entrarás transparente, sin cuerpo y sin rumor,
no buscarán tus manos la cítara dormida.

No arrastrarás de torre en torre un nimbo verde
como de abandonados y muertos azahares,
y no tintinearán de noche tus tobillos:
te desencadenó sólo la muerte.

No, ni espectro, ni sombra, ni luna sobre el frío,
ni llanto, ni lamento, ni huyente vestidura,
sino aquel cuerpo, el mismo que se enlazó al amor,
aquellos ojos que desgranaron la tierra.

Las piernas que anidaron el imperioso fuego
del Húsar, del errante Capitán del camino,
las piernas que subieron al caballo en la selva
y bajaron volando la escala de alabastro.

Los brazos que abrazaron, sus dedos, sus mejillas,
sus senos (dos morenas mitades de magnolia),
el ave de su pelo (dos grandes alas negras),
sus caderas redondas de pan ecuatoriano.

Así, tal vez desnuda, paseas con el viento
que sigue siendo ahora tu tempestuoso amante.
Así existes ahora como entonces: materia,
verdad, vida imposible de traducir a muerte.

Não assustarão teus passos o salão do silêncio,
à meia-noite, nem voltarás com a lua,
não entrarás transparente, sem corpo e sem rumor,
não buscarão tuas mãos a cítara que dorme.

Não arrastarás de torre em torre um nimbo verde
como de abandonados e mortos laranjais,
e não tilintarão de noite teus tornozelos:
desencadeou a ti somente a morte.

Não, nem espectro, nem sombra, nem lua sobre o frio,
nem pranto, nem lamento, nem dolorosa veste,
mas aquele corpo, o mesmo que se enlaçou no amor,
aqueles olhos que debulharam a terra.

As pernas que aninharam o imperioso fogo
do Hussardo, do errante Capitão do caminho,
as pernas que subiram no cavalo na selva
e desceram voando a escada de alabastro.

Os braços que abraçaram, seus dedos, sobrancelhas,
seus seios (duas morenas metades de magnólia),
a ave do seu cabelo (duas grandes asas negras),
suas cadeiras redondas de pão equatoriano.

Assim, talvez desnuda, passeias com o vento,
que segue sendo agora teu tempestuoso amante.
Assim existes agora como então: matéria,
verdade, vida impossível não traduz a morte.

IX

El juego   TU PEQUEÑA mano morena,
tus delgados pies españoles,
tus caderas claras de cántaro,
tus venas por donde corrían
viejos ríos de fuego verde:
todo lo pusiste en la mesa
como un tesoro quemante:
como de abandonados y muertos azahares,
en la baraja del incendio:
en el juego de vida o muerte.

X

Adivinanza   Quién está besándola ahora?
No es ella. No es él. No son ellos.
Es el viento con la bandera.

XI

Epitafio   ÉSTA fue la mujer herida:
en la noche de los caminos
tuvo por sueño una victoria,
tuvo por abrazo el dolor.
Tuvo por amante una espada.

XII

Ella   TÚ FUISTE la libertad,
libertadora enamorada.

Entregaste dones y dudas,
idolatrada irrespetuosa.

IX

O jogo Tua pequena mão morena,
teus finos pés espanhóis,
teu quadril claro de cântaro,
tuas veias por onde corriam
velhos rios de fogo verde:
tudo puseste na mesa
como um tesouro escaldante:
como de abandonados e mortos laranjais,
na imensa confusão do incêndio:
no jogo de vida ou de morte.

X

Adivinhação *Quem a estará beijando agora?*
Não é ela. Não é ele. Eles não são.
É o vento com a bandeira.

XI

Epitáfio Esta foi a mulher ferida:
pela noite desses caminhos
teve por sonho uma vitória,
e teve por abraço a dor.
Teve por amante uma espada.

XII

Ela Tu foste a liberdade,
libertadora enamorada.

Pois entregaste dons e dúvidas,
idolatrada desrespeitosa.

Se asustaba el buho en la sombra
cuando pasó tu cabellera.

Y quedaron las tejas claras,
se iluminaron los paraguas.

Las casas cambiaron de ropa.
El invierno fue transparente.

Es Manuelita que cruzó
las calles cansadas de Lima,
la noche de Bogotá,
la oscuridad de Guayaquil,
el traje negro de Caracas.

Y desde entonces es de día.

XIII

Interrogaciones *Por qué? Por qué no regresaste?*
Oh amante sin fin, coronada
no sólo por los azahares,
no sólo por el gran amor,
no sólo por luz amarilla
y seda roja en el estrado,
no sólo por camas profundas
de sábanas y madreselvas,
sino también,
oh coronada,
por nuestra sangre y nuestra guerra.

Se assustava o mocho na sombra
quando passou tua cabeleira.

E ficaram as telhas claras,
Iluminando-se os guarda-chuvas.

As casas mudaram de roupa.
Foi um inverno transparente.

Foi Manuelita que cruzou
as ruas cansadas de Lima,
a noite de Bogotá,
a escuridão de Guayaquil,
o traje negro de Caracas.

E desde esse momento foi dia.

XIII

Interrogações

Por quê? Por que não regressaste?
Ó amante sem fim, coroada
não só de flores dos pomares,
não somente por um grande amor,
não só pela luz amarela
e seda vermelha no estrado,
não só pelas camas profundas
de lençóis e de madressilvas,
mas também,
oh coroada,
por nosso sangue e nossa guerra.

XIV

De todo el silencio

AHORA quedémonos solos.
Solos, con la orgullosa.
Solos con la que se vistió
con un relámpago morado.
Con la emperatriz tricolor.
Con la enredadera de Quito.

De todo el silencio del mundo
ella escogió este triste estuario,
el agua pálida de Paita.

XV

DE AQUELLA gloria no, no puedo hablarte.
Hoy no quiero sino la rosa
perdida, perdida en la arena.
Quiero compartir el olvido.

Quiero ver los largos minutos
replegados como banderas,
escondidos en el silencio.

A la escondida quiero ver.

Quiero saber.

XVI

Exilios

HAY EXILIOS que muerden y otros
son como el fuego que consume.

Hay dolores de patria muerta
que van subiendo desde abajo,

XIV

De todo o silêncio

Agora fiquemos sozinhos.
Sozinhos, com a orgulhosa.
Sozinhos com a que se vestiu
com um relâmpago violeta.
E com a imperatriz tricolor.
Com a trepadeira de Quito.

De todo o silêncio do mundo
ela escolheu este triste estuário,
esta água pálida de Paita.

XV

Daquela glória não te posso falar.
Hoje não quero mais que a rosa
perdida, perdida na areia.
Quero compartilhar o olvido.

Quero ver os largos minutos,
redobrados como bandeiras,
esconderem-se no silêncio.

Eu quero ver esta escondida.

Quero saber.

XVI

Exílios

Tem exílios que mordem e outros
são como o fogo que consome.

E tem dores de pátria morta
que vão subindo desde baixo,

desde los pies y las raíces
y de pronto el hombre se ahoga,
ya no conoce las espigas,
ya se terminó la guitarra,
ya no hay aire para esa boca,
ya no puede vivir sin tierra
y entonces se cae de bruces,
no en la tierra, sino en la muerte.

Conocí el exilio del canto,
y ése sí tiene medicina,
porque se desangra en el canto,
la sangre sale y se hace canto.

Y aquel que perdió madre y padre,
que perdió también a sus hijos,
perdió la puerta de su casa,
no tiene nada, ni bandera,
ése también anda rodando
y a su dolor le pongo nombre
y lo guardo en mi caja oscura.

Y el exilio del que combate
hasta en el sueño, mientras come,
mientras no duerme ni come,
mientras anda y cuando no anda,
y no es el dolor exilado
sino la mano que golpea
hasta que las piedras del muro
escuchen y caigan y entonces
sucede sangre y esto pasa:
así es la victoria del hombre.

desde os pés e desde as raízes
e prontamente o homem se afoga,
e já não conhece as espigas,
já se terminou a guitarra,
já não tem ar para essa boca,
já não pode viver sem terra
e nesse momento cai de frente,
não na terra, mas sim na morte.

Eu conheci o exílio do canto,
e este sim tem medicina,
pois quando sangra no canto,
o sangue sai e se faz canto.

E aquele que perdeu pai e mãe,
e que perdeu também seus filhos,
perdeu a porta de sua casa,
não tem nada, não tem bandeira,
esse também anda rodando
e na sua dor eu ponho nome
e guardo na minha caixa escura.

E o exílio do que combate
até no sonho, enquanto come,
enquanto não dorme nem come,
enquanto anda e quando não anda,
e não é a dor exilada
mas sim a mão que te golpeia
até que as pedras da parede
escutem, caiam, e no momento
acontece o sangue e isso passa:
assim é a vitória do homem.

No   Pero no comprendo este exilio.
comprendo   Este triste orgullo, Manuela.

XVII

La soledad   Quiero andar contigo y saber,
saber por qué, y andar adentro
del corazón diseminado,
preguntar al polvo perdido,
al jazmín huraño y disperso.

Por qué? Por qué esta tierra miserable?

Por qué esta luz desamparada?

Por qué esta sombra sin estrellas?

Por qué Paita para la muerte?

XVIII

La flor   Ay amor, corazón de arena!

Ay sepultada en plena vida,

yacente sin sepultura,

niña infernal de los recuerdos,

ángela color de espada.

Oh inquebrantable victoriosa

de guerra y sol, de cruel rocío.

Oh suprema flor empuñada

por la ternura y la dureza.

Não compreendo   Mas eu não compreendo este exílio
Este triste orgulho, Manuela.

XVII

A solidão   QUERO caminhar contigo e saber,
saber por que, e andar por dentro
do coração disseminado,
e perguntar ao pó perdido,
ao jasmim agreste e disperso.

Por quê? Por que esta terra miserável?

Por que esta luz desamparada?

Por que esta sombra sem estrelas?

Por que Paita para sua morte?

XVIII

A flor   AI AMOR, coração de areia!

Ai sepultada em plena vida,

enterrada sem sepultura,

menina infernal das lembranças,

anjo da cor da espada.

Ó inquebrantável vitoriosa

de guerra e sol, de cruel rocio.

Ó suprema flor empunhada

pela ternura e pela dureza.

Oh puma de dedos celestes,

oh palmera color de sangre,

dime por qué quedaron mudos
los labios que el fuego besó,
por qué las manos que tocaron
el poderío del diamante,
las cuerdas del violín del viento,
la cimitarra de Dios,
se sellaron en la costa oscura,
y aquellos ojos que abrieron
y cerraron todo el fulgor
aquí se quedaron mirando
cómo iba y venía la ola,
cómo iba y venía el olvido
y cómo el tiempo no volvía:
sólo soledad sin salida
y estas rocas de alma terrible
manchadas por los alcatraces.

Ay, compañera, no comprendo!

XIX

Adiós *Adiós, bajo la niebla tu lenta barca cruza:*
es transparente como una radiografía,
es muda entre las sombras de la sombra:
va sola, sube sola, sin rumbo y sin barquera.

Adiós, Manuela Sáenz contrabandista pura,
guerrillera, tal vez tu amor ha indemnizado

Ó puma de dedos celestes,

ó palmeira da cor do sangue,

digam-me por que ficaram mudos
os lábios que o fogo beijou,
por que estas mãos que já tocaram
o poderio do diamante,
cordas do violino e do vento,
a cimitarra de Deus,
se imprimiram na costa escura,
e os olhos aqueles que abriram
e fecharam todo o fulgor
aqui permaneceram vendo
como andava o movimento da onda,
como ia e vinha o esquecimento
e como o tempo não voltava:
somente a solidão fechada
e estas pedras de alma terrível
manchadas pelos alcatrazes.

Ai, companheira, não compreendo!

XIX

Adeus *Adeus, sob a névoa tua lenta barca cruza:*
és transparente como uma radiografia,
és uma muda entre as sombras da sombra:
vai só, sobe só, vai sem rumo e sem barqueira.

Adeus, Manuela Sáenz, contrabandista pura,
guerrilheira, talvez teu amor tenha indenizado

la seca soledad y la noche vacía.
Tu amor diseminó su ceniza silvestre.

Libertadora, tú que no tienes tumba,
recibe una corona desangrada en tus huesos,
recibe un nuevo beso de amor sobre el olvido,
adiós, adiós, adiós Julieta huracanada.

Vuelve a la proa eléctrica de tu nave pesquera,
dirige sobre el mar la red y los fusiles,
y que tu cabellera se junte con tus ojos,
tu corazón remonte las aguas de la muerte,
y se vea otra vez partiendo la marea,
la nave, conducida por tu amor valeroso.

XX

La resurrecta EN TUMBA o mar o tierra, batallón o ventana, devuélvenos el rayo de tu infiel hermosura. Llama tu cuerpo, busca tu forma desgranada y vuelve a ser la estatua conducida en la proa.

(Y el Amante en su cripta temblará como
                              un río.)

XXI

Invocación ADIÓS, adiós, adiós, insepulta bravía, rosa roja, rosal hasta en la muerte errante, adiós, forma callada por el polvo de Paita, corola destrozada por la arena y el viento.

a seca solidão e a noite tão vazia.
Teu amor disseminou já sua cinza silvestre.

Libertadora, tu que não tens tumba,
recebe uma coroa exangue nos teus ossos,
recebe um novo beijo de amor sobre o olvido,
adeus, adeus, adeus Julieta em furacão.

Volta à proa elétrica de tua nave pesqueira,
dirige sobre o mar a rede e os fuzis,
e que tua cabeleira se junte aos teus olhos,
que teu coração escale as águas da morte,
e que se veja outra vez partindo a maré,
a nau, conduzida por teu amor valoroso.

XX

A ressuscitada

EM TUMBA ou mar ou terra, batalhão ou janela,
devolve-nos o raio de tua infiel formosura.
Chama teu corpo, busca tua forma debulhada
e volta a ser a estátua conduzida na proa.

(E o Amante em sua cripta estremecerá
                          como um rio.)

XXI

Invocação

ADEUS, adeus, adeus, insepulta bravia,
rosa vermelha, rosal até na morte errante,
adeus, forma calada pelo pó de Paita,
corola destroçada pela areia e o vento.

Aquí te invoco para que vuelvas a ser una
antigua muerta, rosa todavía radiante,
y que lo que de ti sobreviva se junte
hasta que tengan nombre tus huesos adorados.

El Amante en su sueño sentirá que lo llaman:
alguien, por fin aquella, la perdida, se acerca
y en una sola barca viajará la barquera
otra vez, con el sueño y el Amante soñando,
los dos, ahora reunidos en la verdad desnuda:
cruel ceniza de un rayo que no enterró la muerte,
ni devoró la sal, ni consumió la arena.

XXII

Ya   Paita, sobre la costa
nos vamos muelles podridos,
de Paita escaleras
rotas,
los alcatraces tristes
fatigados
sentados
en la madera muerta,
los fardos de algodón,
los cajones de Piura.
Soñolienta y vacía
Paita se mueve
al ritmo
de las pequeñas olas de la rada
contra el muro calcáreo.

Aqui te invoco para que voltes a ser uma
antiga morta, rosa todavia radiante,
e o que de ti sobreviva seja juntado
até que tenham nome teus ossos adorados.

O Amante no seu sonho sentirá que o chamam:
alguém, por fim aquela, a perdida, se aproxima
e numa só barca viajará a barqueira
outra vez, com o sonho e o Amante sonhando,
os dois, agora reunidos na verdade nua:
a cruel cinza de um raio que não enterrou a morte,
nem devorou o sal, nem consumiu a areia.

XXII

Já   Paita, sobre a costa,
vamos   cais apodrecidos,
de Paita escadas
rotas,
os alcatrazes tristes
fatigados
sentados
na madeira morta,
fardos de algodão,
as caixas de Piura.
Sonolenta e vazia
Paita se move
ao ritmo
das pequenas ondas dessa enseada
contra o muro calcário.

Parece
que aquí
alguna ausencia inmensa sacudió y quebrantó
los techos y las calles.
Casas vacías, paredones
rotos,
alguna buganvillia
echa en la luz el chorro
de su sangre morada,
y lo demás es tierra,
el abandono seco
del desierto.

Y ya se fue el navío
a sus distancias.

Paita quedó dormida
en sus arenas.
Manuelita insepulta,
desgranada
en las atroces, duras
soledades.

Regresaron las barcas, descargaron
a pleno sol negras mercaderías.

Las grandes aves calvas
se sostienen
inmóviles
sobre piedras quemantes.

Se va el navío. Ya
no tiene ya más
nombre la tierra.

Parece
que aqui
alguma ausência imensa sacudiu e alquebrou
os tetos e as ruas.
Casas vazias, paredões
rotos,
alguma buganvília
joga na luz o jorro
de seu sangue purpúreo,
e o mais é terra,
o abandono seco
do deserto.

E já foi o navio
a suas distâncias.

Paita ficou dormindo
em suas areias.
Manuelita insepulta,
debulhada
nas atrozes, duras
solidões.

Regressaram as barcas, descarregaram
a pleno sol negras mercadorias.

As grandes aves calvas
sustentam-se
imóveis
sobre pedras escaldantes.

Vai-se o navio. Já,
e já não tem mais
nome a terra.

Entre los dos azules
del cielo y del océano
una línea de arena,
seca, sola, sombría.

Luego cae la noche.

Y nave y costa y mar
y tierra y canto
navegan al olvido.

Entre os dois azuis
do céu e do oceano
uma linha de areia,
seca, só, sombria.

Logo cai a noite.

Nave e costa e mar
e terra e canto
navegam o olvido.

EL GRAN VERANO

O GRANDE VERÃO

I

EL VERANO es ahora más ancho que mi patria.
Hace mil años ya, cuando en Carahue
abrí las manos, extendí la frente,
y el mar, el mar abría su caballo,
entonces el verano era una espiga,
duraba apenas un amor terrible,
duraba sólo el temblor de una uva.

Y ahora que vuelvo al viejo sol que roe
las piedras de la costa, ahora que vuelvo
al estandarte de oro desatado
y veo el mar nutriendo su blancura,
la órbita de la espuma en movimiento
cuando hacia arriba cae tanto azul
que ya no queda nada sino cielo,
oh amor de aquellos pobres días, soy
aquel que no tocó la dicha
sino mucho más tarde, la campana
que se quedó vacía en el granero
y sólo un viento cruel la hizo temblar,
tarde, una noche de agua y terremoto.

Oh día, espada espléndida! Oh pez puro
que cortas con tu aguda dirección
las tinieblas, la noche, la desdicha,
y abres una naranja en el espacio,
las mitades azules de la aurora.

I

O VERÃO é agora maior do que a minha pátria.
Fazem mil anos já, quando em Carahue
abri as mãos, estendi o meu rosto,
e o mar, o mar abria o seu cavalo,
momento em que o verão era uma espiga,
durava apenas um amor terrível,
durava somente o tremor de uma uva.

E agora que volto ao velho sol que rói
as pedras da costa, agora que volto
ao estandarte de ouro desatado
e vejo o mar nutrindo sua brancura,
vejo a órbita da espuma em movimento
quando desde cima cai tanto azul
que já não fica nada senão céu,
oh amor daqueles pobres dias, sou
aquele que não tocou a sorte
senão muito mais tarde, uma campainha
que permaneceu vazia no celeiro
e só um vento cruel a fez estremecer,
tarde, uma noite de água e terremoto.

Ó dia, espada esplêndida! Ó peixe puro
que cortas com tua aguda direção
a escuridão, a noite, a desgraça,
e abres uma laranja nesse espaço,
que são duas metades azuis da aurora.

Entonces gota a gota se hace el cielo
y de espaciosa azúcar la bandera,
todo sube a su mástil amarillo,
y la fruta convierte su desdén
en letárgico lago de dulzura.
Es un árbol violeta de relojes
el esencial verano y sus racimos,
la arena es su pradera y su alimento,
tiembla el fulgor recóndito del vino
y los decapitados cereales
se duermen en el pan de la cosecha.

Ancho, iracundo es tu vestido ahora,
hasta lejos del mar tiendes la raya
del élitro reverberante
y es arenosa tu soberanía
hasta que tu volumen gota a gota
se desploma en las venas de la vida.

II

SALUD, honor del pórfido, lección
de la manzana,
dirección cristalina
del gran verano atado a su cristal.
Todo llegó a ser término, quilate,
verdad dispuesta a abrirse y terminarse,
todo es lámina pura o es cereza,
y así son los minutos de la estatua
que caerá estallando de rubíes,

Então gota a gota se faz o céu
e de espaçoso açúcar a bandeira,
e tudo sobe ao seu mastro amarelo,
e uma fruta converte o seu desdém
em letárgico lago de doçura.
É uma árvore violeta de relógios
o verão essencial com todos os ramos,
a areia é sua pradaria e seu alimento,
treme o fulgor recôndito do vinho
e os decapitados cereais
adormecem com o pão das colheitas.

Ancho, iracundo é teu vestido agora,
até longe do mar espraias tua raia
de élitro resplandecente
e é arenosa a tua soberania
até que o teu volume gota a gota
se desaprume nas veias da vida.

II

SAÚDE, honra do pórfiro, lição
da maçã,
direção cristalina
do grande verão atado em seu cristal.
Tudo chegou a ser término, quilate,
verdade disposta a abrir-se e terminar,
tudo é lâmina pura ou é cereja,
e assim são os minutos desta estátua
que cairá estalando com seus rubis,

y el mundo es una piedra
cuya cortada claridad madura
hasta que todo cae
y vuelve a ser de nuevo una semilla.

III

No tengo ya raíces,
he volado
de oro en oro,
de pluma a polen
sin saber volar,
con alas espaciosas
lentas
sobre
la impaciencia

de los que aquí o allá
cortaban algo
maderas, trigo, hielo,
y vi el verano entero
redondo, oscuro, rojo,
como un higo,
vi el verano
correr o navegar
como una flecha,
examiné los hilos
del verano,
su líquida
ambrosía,

e o mundo é uma pedra
cuja cortada luz amadurece
até que tudo cai
e volta a ser de novo uma semente.

III

NÃO TENHO já raízes,
e voei
de ouro em ouro,
de pluma a pólen
sem saber voar,
com asas amplas
lentas
sobre
a impaciência

dos que aqui ou lá
cortavam algo,
madeiras, trigo, gelo,
e vi o verão inteiro
redondo, escuro, carmim,
como um figo,
vi o verão
correr ou navegar
como uma flecha,
examinei os fios
do verão,
sua líquida
ambrosia,

sus tenaces
sustentos,
el pabellón del día
y lo que resbalaba
de su piel transparente.
Recorrí
tiendas
de agua
recién
abiertas en la agricultura,
mercaderías
puras
de montaña,
espléndidas abejas
y aún no he regresado
del verano,
del viaje entre las algas y la menta
al corazón
mayor
de la sandía,
a la piel de las piernas, a la luz
de los cuerpos incitantes.
Aún voy por el verano
como un pez por el río,
no termina,
da vueltas,
cambia de tierra a luna,
cambia de sol,
de agua,
va mi razón nadando en el verano

seus tenazes
alimentos,
o pavilhão do dia
e o que resvalava
de sua pele transparente.
Percorri
tendas
de água
recém
abertas na agricultura,
mercadorias
puras
de montanha,
esplêndidas abelhas
e ainda não regressei
do verão,
e desta viagem entre algas e a menta
ao coração
maior
da melancia,
até a pele das pernas, até a luz
dos corpos mais incitantes.
Ainda vou pelo verão
como um peixe pelo rio,
não termina,
dá voltas,
muda-se de terra a lua,
muda de sol,
de água,
minha razão nadando no verão

sin ropa en la frescura
y no termina,
sigue,
da vueltas a la tierra
el anillo de oro
del verano,
ciñe la tierra, ciñe tu cintura,
ciñe tu sangre
y sigue,
no termina
el verano redondo,
el río puro,
la transparente
sortija del sol
y de la tierra.

IV

Todo un día dorado
y luminoso como
una cebolla,
un día
del que cuelga el verano
su tórrida bandera
donde
se pierde
cuando
la noche
lo aplastó como a una uva
y nocturno es el vino

sem roupa no frescor
e não termina,
segue,
dá voltas na terra
o anel de ouro
do verão,
e cinge a terra, cinge a tua cintura,
cinge o teu sangue,
e segue,
não termina
o verão redondo,
o rio puro,
o transparente
anel do sol
e da terra.

IV

Todo um dia dourado
e luminoso como
uma cebola,
um dia
do qual desfralde o verão
sua tórrida bandeira
onde
se perde
quando
a noite
o amassou como a uma uva
e noturno é o vinho

de la sombra,
la copa de la noche se ha llenado
de sal que brilla en el cielo
y vino negro.
Dónde está el día que debe volver?
Dónde murió el navío?
Pero volvamos al número
atemos el diamante.
En el centro del agua
como un escalofrío
se desliza
y verde es el susurro del verano
que huye de las ciudades
hacia la selva verde
y se detiene
de pronto en la arena:
tiene manos de eclipse,
cola de oro,
y sigue
hasta que el gran suspiro
de la noche lo enrolla
en su bodega:
es un tapiz
eléctrico
dormido
por un año de noches,
por un siglo
de relojes oscuros,
y cae cada día el día
del verano

da sombra,
a taça da noite ficou repleta
de sal que brilha no céu
e vinho negro.
Onde está o dia que deve voltar?
Onde morreu o navio?
Mas para voltar ao número
atemos o diamante.
E no centro da água
como um calafrio
desliza
e verde é o sussurro do verão
que foge das cidades
até a selva verde
e se detém
prontamente na areia:
e tem mãos de eclipse,
rabo de ouro,
e segue
até que o grande suspiro
da noite o venha envolver
em sua adega:
é um tapete
elétrico
adormecido
por um ano de noites,
por um século
de relógios escuros,
e vai caindo cada dia o dia
do verão

en la noche abierta
y mana sangre clara
de sandía,
resucita cantando
en lengua loca
hasta que se adelgaza
y gota a gota
se llena de agujeros,
de lentas nieblas con patas de musgo,
de tardes vaporosas como vacas mojadas,
de cilindros que llenan la tierra de amarillo,
de una congoja como si alguien fuera a nacer.
Es el antiguo otoño cargado con su saco
que antes de entrar golpea la puerta y entra
el humo.

nesta noite aberta
e brota o sangue claro
da melancia,
ressuscita cantando
em língua louca
até que se adelgace
e gota a gota
se encha de buracos,
de lenta névoas com patas de musgo,
de tardes vaporosas como vacas molhadas,
de cilindros que enchem a terra de amarelo,
e de uma angústia como se alguém fosse nascer.
É o antigo outono carregado com seu saco
e que antes de entrar bate na porta e entra
a bruma.

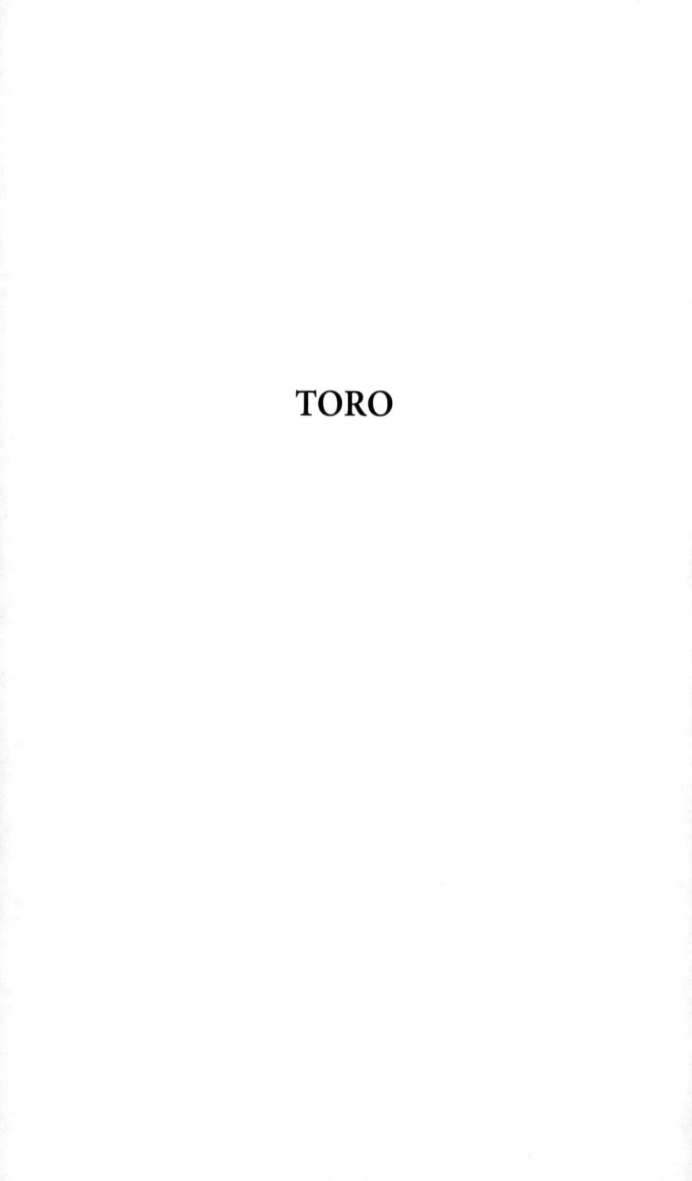

TORO

TOURO

I

Entre las aguas del Norte y las del Sur
España estaba seca,
sedienta, devorada, tensa como un tambor,
seca como la luna estaba España
y había que regar pronto antes de que ardiera,
ya todo era amarillo,
de un amarillo viejo y pisoteado,
ya todo era de tierra
ni siquiera los ojos sin lágrimas lloraban
(ya llegará el tiempo del llanto)
desde la eternidad ni una gota de tiempo,
ya iban mil años sin lluvia,
la tierra se agrietaba
y allí en las grietas los muertos:
un muerto en cada grieta
y no llovía,
pero no llovía.

II

Entonces el toro fue sacrificado.
De pronto salió una luz roja
como el cuchillo del asesino
y esta luz se extendió desde Alicante,
se encarnizó en Somosierra.
Las cúpulas parecían geranios.
Todo el mundo miraba hacia arriba.
Qué pasa?, preguntaban.

I

ENTRE as águas do Norte e as do Sul
Espanha estava seca,
sedenta, devorada, tensa como um tambor,
seca como a lua estava Espanha
e tinha que regar logo para não arder,
tudo já estava amarelo,
de um amarelo antigo e pisoteado,
já tudo era de terra
nem sequer os olhos sem lágrimas choravam
(já chegará o tempo do pranto)
e desde a eternidade nem uma gota de tempo,
já foram mil anos sem chuva,
a terra se esturricava
e ali nas gretas os mortos:
um morto em cada greta
e não chovia,
mas não chovia.

II

ENTÃO o touro foi sacrificado.
Logo saiu uma luz vermelha
como a faca do assassino
e esta luz se estendeu desde Alicante,
tornou-se carne em Somossierra.
As cúpulas pareciam gerânios.
E todo mundo olhava para cima.
O que acontece?, perguntavam.

Y en medio del temor
entre susurro y silencio
alguien que lo sabía
dijo: "Ésa es la luz del toro".

III

Vistieron a un labriego pálido
de azul con fuego, con ceniza de ámbar,
con lenguas de plata, con nube y bermellón,
con ojos de esmeralda y colas de zafiro
y avanzó el pálido ser contra la ira,
avanzó el pobre vestido de rico para matar,
vestido de relámpago para morir.

IV

Entonces cayó la primera gota de sangre y floreció,
la tierra recibió sangre y la fue consumiendo
como una terrible bestia escondida que no puede
                                                [saciarse,
no quiso tomar agua,
cambió de nombre su sed,
y todo se tiñó de rojo,
las catedrales se incendiaron,
en Góngora temblaban los rubíes,
en la Plaza de toros roja como un clavel
se repetía en silencio y furia el rito,
y luego la gota corría boca abajo
hacia los manantiales de la sangre,

E em meio ao temor
entre sussurro e silêncio
alguém que o conhecia
disse: "Essa é a luz do touro".

III

Vestiram um lavrador pálido
com azul de fogo, com cinza de âmbar,
com línguas de prata, com nuvem e encarnado,
com olhos de esmeralda e caudas de safira
e o pálido ser avançou contra a ira,
avançou o pobre vestido de rico para matar,
vestido de relâmpago para morrer.

IV

Então caiu a primeira gota de sangue e floresceu,
a terra recebeu o sangue e o foi consumindo
como uma terrível besta escondida que não se pode
                              [saciar,
não quis tomar água,
mudou de nome sua sede,
e tudo se tingiu de vermelho,
as catedrais pegaram fogo,
em Góngora estremeciam os rubis,
na praça de touros vermelha como um cravo
repetia-se em silêncio e fúria o rito,
e logo a gota corria boca abaixo
até os mananciais de todo o sangue,

y así fue así fue la ceremonia,
el hombre pálido, la sombra arrolladora
de la bestia y el juego
entre la muerte y la vida bajo el día sangriento.

V

FUE ESCOGIDO entre todos el compacto,
la pureza rizada por olas de frescura,
la pureza bestial, el toro verde,
acostumbrado al áspero rocío,
lo designó la luna en la manada,
como se escoge un lento cacique fue escogido.
Aquí está, montañoso, caudal, y su mirada
bajo la media luna de los cuernos agudos
no sabe, no comprende si este nuevo silencio
que lo cubre es un manto genital de delicias
o sombra eterna, boca de la catástrofe.
Hasta que al fin se abre la luz como una puerta,
entra un fulgor más duro que el dolor,
un nuevo ruido como sacos de piedras que rodaran
y en la plaza infinita de ojos sacerdotales
un condenado a muerte que viste en esta cita
su propio escalofrío de turquesa,
un traje de arco iris y una pequeña espada.

VI

UNA PEQUEÑA espada con su traje,
una pequeña muerte con su hombre,

e assim foi, assim foi a cerimônia,
o homem pálido, a sombra arrebatadora
da besta e o jogo
entre a morte e a vida num dia sangrento.

V

E FOI ESCOLHIDO entre todos o compacto,
a pureza anelada por ondas de frescor,
a pureza bestial, o touro verde,
acostumado ao áspero rocio,
foi desígnio da lua na manada,
como se escolhe um lento cacique foi escolhido.
Aqui está, montanhoso, caudal, e sua mirada
embaixo da meia lua de cornos pontiagudos
não sabe, não compreende se este novo silêncio
que o está cobrindo é um manto genital de delícias
ou sombra eterna, boca da catástrofe.
Até que no fim se abre a luz como uma porta,
entra um fulgor que é mais duro que a dor,
um novo ruído como sacos de pedras que rolaram
e na praça infinita de olhos sacerdotais
um condenado à morte que veste no encontro
o seu próprio calafrio de turquesa,
um traje de arco-íris e uma pequena espada.

VI

UMA PEQUENA espada com seu traje,
uma pequena morte com seu homem,

en pleno circo, bajo la naranja implacable
del sol, frente a los ojos que no miran,
en la arena, perdido como un recién nacido,
preparando su largo baile, su geometría.
Luego como la sombra y como el mar
se desatan los pasos iracundos del toro
(ya sabe, ya no es sino su fuerza)
y el pálido muñeco se convierte en razón,
la inteligencia busca bajo su vestidura
de oro cómo danzar y cómo herir.

Debe danzar muriendo el soldado de seda.

Y cuando escapa es invitado en el Palacio.

Él levanta una copa recordando su espada.

Brilla otra vez la noche del miedo y sus estrellas.

La copa está vacía como el circo en la noche.

Los señores quieren tocar al que agoniza.

VII

LISA es la femenina como una suave almendra,
de carne y hueso y pelo es la estructura,
coral y miel se agrupan en su largo desnudo
y hombre y hambre galopan a devorar la rosa.
Oh flor! La carne sube en una ola,

em pleno circo, sob a laranja implacável
do sol, frente aos olhos que já não miram,
na arena, perdido como recém-nascido,
preparando seu longo baile, sua geometria.
Logo como uma sombra e como o mar
desatam-se os irados passos desse touro
(já sabe que já não é mais que sua força)
e o pálido boneco muda-se em razão,
a inteligência busca sob a vestimenta
de ouro como dançar ou como ferir.

Deve dançar morrendo o soldado de seda.

Quando escapa recebe convite ao Palácio.

Ele levanta uma taça lembrando sua espada.

Brilha de novo a noite do medo estrelada.

A taça está vazia como o circo na noite.

Os senhores querem tocar o que agoniza.

VII

Lisa é a feminina como suave amêndoa,
de carne e osso e cabelo se estrutura,
coral e mel se juntam no seu largo desnudo
e homem e fome a galope a devorar a rosa.
Ó flor! A carne subindo numa onda,

la blancura desciende su cascada
y en un combate blanco se desarma el jinete
cayendo al fin cubierto de castidad florida.

VIII

EL CABALLO escapado del fuego,
el caballo del humo,
llegó a la Plaza, va como una sombra,
como una sombra espera al toro,
el jinete es un torpe
insecto oscuro,
levanta su aguijón sobre el caballo negro,
luce la lanza negra, ataca
y salta
enredado en la sombra y en la sangre.

IX

DE LA SOMBRA bestial suena los suaves cuernos
regresando en un sueño vacío al pasto amargo,
sólo una gota penetró en la arena,
una gota de toro, una semilla espesa,
y otra sangre, la sangre del pálido soldado:
un esplendor sin seda atravesó el crepúsculo,
la noche, el frío metálico del alba.

Todo estaba dispuesto. Todo se ha consumido.

Rojas como el incendio son las torres de España.

a brancura descendo sua cascata,
e numa luta clara desarma-se o ginete
caindo enfim coberto de castidade em flor.

VIII

O CAVALO fugido do fogo,
o cavalo de fumaça,
chegou na Praça e vai como uma sombra,
como uma sombra espera o touro,
o ginete é um torpe
inseto escuro,
levanta seu aguilhão sobre o cavalo negro,
brilha a lança negra, ataca
e salta
enredado na sombra e no sangue.

IX

DA SOMBRA bestial soam os suaves cornos,
regressando em sonho vazio ao pasto amargo,
somente uma gota penetrou na areia,
uma gota de touro, uma semente espessa,
e outro sangue, o sangue do pálido soldado:
um esplendor sem seda penetrou o crepúsculo,
a noite, e o frio de metal da manhã.

Tudo estava disposto. Tudo foi consumido.

Vermelhas como incêndio eram as torres da Espanha.

CORDILLERAS

CORDILHEIRAS

I

Yo venía por el aire desde Copiapó,
desde el norte del Hemisferio, por el aire,
metido en mis pensamientos como en un guante de
[mil dedos:
sentía el avión trepidar, deslizarse por su túnel vacío,
vacilar de repente dispuesto a detener su energía,
continuar una línea invisible, durmiendo y volando.

Yo venía desde el Norte de Chile desierto,
cobre y piedra, silencio, herramientas, motores,
y no miré hacia afuera durante horas de cielo,
miré hacia adentro, hacia mis propios tempestuosos
[transcursos.

II

Era verdad, sin duda, existíamos,
aquel avión, aquella potencia sigilosa,
y las personas envueltas en su red personal,
pasajeros de tantos quehaceres, orejas
que escucharon caer el dinero de Dios,
el dinero divino, y así se amasaron
con apenas espacio para un día morir,
sin tiempo, sin duda, para escuchar
la remota lluvia, el violín del invierno ahogado.

I

Eu vinha vindo pelo ar desde Copiapó,
vinha desde o norte do Hemisfério, pelo ar,
metido em meus pensamentos como em luva de
                          [mil dedos:
sentia o avião trepidar, deslizar por seu túnel vazio,
vacilar de repente disposto a deter sua energia,
continuar uma linha invisível, dormindo e voando.

Eu vinha desde o Norte do Chile deserto,
cobre e pedra, silêncio, ferramentas, máquinas,
não olhei para fora durante horas de céu,
olhei para dentro, para os meus próprios e tempestuosos
                                [transcursos.

II

Era verdade, sem dúvida existíamos,
aquele avião, aquela potência sigilosa,
e as pessoas envoltas em suas redes pessoais,
passageiros de tantos trabalhos, orelhas
que escutaram cair o dinheiro de Deus,
o dinheiro divino, e assim foram esmagados
com apenas espaço para um dia morrer,
sem tempo, sem dúvida, para escutar
a remota chuva, o violino do inverno afogado.

III

DE PRONTO vi la última luz, el estandarte
del día en su naufragio desplomándose
y cielo y luz lucharon contra luna y tinieblas
en una encarnizada riña de gallos rojos:
y vi, cerca de mí, junto a mi rostro
cómo el monte Aconcagua disponía
sobre la soledad de su estatura,
sobre la cantidad desnuda de la nieve,
un sangriento sombrero ceñido por la noche.

IV

PERO bajé los ojos y vi,
vi el cuerpo férreo, el grande río inmóvil
en su cauce, en su día de letárgica piedra,
y era suave la suma de los pechos redondos,
cúpulas trabajadas por la boca del viento,
iglesias sostenidas en la paz del topacio,
naves de arena, formas de la materia pura.
Era un recinto seco, sin dioses, sin semanas,
y al mirarlo hacia abajo desde mi vuelo
tuve por fin bajo la nave sólo
el aire del avión, puro, recién nacido,
como burbuja o círculo junto a un pez, en el frío,
y luego no la tierra, no los negros fermentos,
ni otoño, ni verano, ni primavera impura
que se desteje y teje como húmedos amores,
sino la piedra pura del planeta,

III

PRONTAMENTE vi a última luz, o estandarte
do dia em seu naufrágio inclinando-se
e céu e luz lutaram contra lua e trevas
numa renhida rinha de galos vermelhos:
e vi, perto de mim, junto ao meu rosto,
como o monte Aconcágua colocava
sobre a solidão de sua grande altura,
sobre a quantidade desnuda da neve,
um sangrento chapéu vestido pela noite.

IV

MAS baixei os olhos e vi,
vi o corpo férreo, o grande rio imóvel
em seu leito, em seu dia de letárgica pedra,
e era tão suave a soma dos peitos redondos,
cúpulas trabalhadas pela boca do vento,
igrejas sustentadas na paz do topázio,
as naves de areia, formas da matéria pura.
Era um recinto seco, sem deuses, sem semanas,
e ao olhá-lo lá embaixo desde o vôo
tive enfim sob a nave tão somente
o ar desse avião, puro, de recém-nascido,
como borbulha ou círculo junto ao peixe, no frio,
e logo não a terra, não os negros fermentos,
nem outono, nem verão, nem primavera impura
que se destece e tece como úmidos amores,
mas a pedra mais pura do planeta,

y todo allí eran inmensas manos que descansaban
en el duro secreto de la fuerza.
Liso y seco era el gran silencio vasto,
la dignidad de las cordilleras que dormían.

V

DIRÉ pues que el color no era de un solo pétalo,
ni de una sola pluma de ave ferruginosa,
ni de sólo una fruta colérica y callada,
ni de una sola ola de sal y de cristal,
ni sólo de la piel de una bestia celeste:
era más, era todo, era pólvora y uva,
era el volcán del oro y el manantial del oro,
era el color del pan amasado en la luna,
eran los resplandores del cinc y la manzana,
el humo que olvidó llorando la amatista,
el fulgor de la muerte dentro de la esmeralda,
el ataúd morado de la geología.

VI

ERA mi patria y estaba desnuda.
La impalpable noche de marzo derramaba
un nuevo mineral ancho como el estaño
y todo comenzó a revivir en el cielo:
todos los minerales del cielo despertaban
mientras mi cordillera cerraba con ceniza
aquel fuego que ardió con todo el universo.

e todos ali eram imensas mãos que descansavam
no duríssimo segredo da força.
Era um vasto silêncio liso e seco,
a dignidade das cordilheiras que dormiam.

V

DIREI pois que a cor não era de uma só pétala,
nem de uma só pluma de ave ferruginosa,
nem de uma só fruta, colérica e calada,
nem de uma só onda de sal e de cristal,
nem somente da pele de uma besta celeste:
era mais, era tudo, era pólvora e era uva,
era o vulcão de ouro e o manancial de ouro,
era a cor do pão amassado na lua,
eram os resplendores do zinco e a maçã,
o fumo que esqueceu chorando a ametista,
o fulgor da morte dentro da esmeralda,
o ataúde cor de amora da geologia.

VI

ERA a minha pátria e estava tão desnuda.
A impalpável noite de março derramava
um novo mineral tão largo quanto o estanho,
e tudo começou a reviver no céu:
todos os minerais do céu já despertavam
enquanto a cordilheira fechava com cinza
aquele fogo que ardeu em todo o universo.

Vi a mi lado las tres piedras de Orión cayendo
como una hoja de trébol en la sombra
y luego cuatro puntas, cuatro diamantes fríos,
cuatro besos de nieve en la distancia,
cuatro copas que ardían en la mesa
del cielo solitario:
era la Cruz del Sur que me llamaba.
Y me dormí viajando en mi destino.

Vi ao meu lado as três pedras de Órion caindo
como uma folha de trevo na sombra
e logo quatro pontas, quatro diamantes frios,
quatro beijos de neve na distância,
quatro taças que ainda ardiam na mesa
do céu solitário:
era o Cruzeiro do Sul a me chamar.
E adormeci viajando em meu destino.

ELEGÍA DE CÁDIZ

ELEGIA DE CÁDIZ

I

*El más lejano de los otoños perdidos,
la sensación del frío que toca a cada puerta,
los días en que fui más pequeño que un hombre
y más ancho que un niño, lo que llaman* pasado,
pasado, *sí, pero pasado de la tierra y del aire,
de las germinaciones, del tiempo moribundo,
todo ha vuelto a envolverme como un solo vestido,
todo ha vuelto a enterrarme en mi luz más antigua.*

*Otoños, de cada hoja tal vez se levantaron
hilos desconocidos, insectos transparentes,
y se fue construyendo otro árbol invisible,
otra arboleda muerta por tiempos y distancias.*

*Eso es, eso será tal vez lo que me cubre,
túnica o niebla o traje de oro o muerte,
algo impalpable y lento que conoce mi puerta
está esperando un ser parecido a una hoja:
sin llave y sin secreto tembló la cerradura.*

*Ahora, otoño, una vez más nos encontramos,
una vez más ahora nos despedimos:
buenos días, panal de la miel temblorosa,
adiós, secreto amor de la boca amarilla.*

I

O mais longínquo dos outonos já perdidos,
a sensação de frio que toca em cada porta,
os dias em que fui também menor do que um homem
e maior do que um menino, e chamam de passado,
passado, sim, mas passado da terra e do ar,
das germinações, e do tempo moribundo,
tudo voltou a envolver-me como única veste,
tudo voltou a enterrar-me em minha luz mais antiga.

Outonos, de cada folha talvez se levantaram
fios desconhecidos, insetos transparentes,
e se foi construindo outra árvore invisível,
um outro arvoredo morto por tempos e distâncias.

Isso é, isso será talvez o que me cobre,
túnica ou névoa ou traje de ouro ou morte,
algo impalpável e lento que conhece minha porta
esperando um ser parecido com uma folha:
sem chave e sem segredo tremeu a fechadura.

Agora, outono, uma vez mais nos encontramos,
agora outra vez mais nos despedimos:
bons dias, favo de mel estremecido,
adeus, meu secreto amor da boca amarela.

II

Hace treinta y tres años este tren
de la Gare de Lyon a Marsella y luego, luego
más lejos... Será éste el otoño,
el mismo, repetido hoja por hoja?
O está la tierra también disminuida,
gastada y arrugada como un traje
mil veces llevado a la fiesta y más tarde a la muerte?

Hoy el rojo sobre el verde, las hayas
son los grandes violines verticales de la pradera,
las vacas echadas en el vapor de la media mañana,
la tierra
de Francia vestida con sus hojas de fiesta.

Tal vez la tierra sólo gasta sus sombras.
Sólo gasta la luz que limpia su vestido,
sólo gasta el invierno que lava sus raíces,
y ella se queda intacta, sonora, fresca, pura,
como antigua medalla que canta todavía,
lisa, dorada, en medio del tiempo que envejece.

El tren corre y separa los recuerdos,
los corta como espada, los disemina, sube
por las mismas colinas, abre los mismos bosques,
deja atrás, deja atrás no sólo la distancia,
sino lo que yo fui, lo que vivió conmigo:
aquel joven errante que alguna vez sostuvo
la torre del otoño, mientras el tren violaba
como un toro morado la frescura de Francia.

II

Faz trinta e três anos este trem
da Gare de Lyon a Marselha e logo, logo
mais longe...Será este o outono,
o mesmo, repetido folha a folha?
Ou está também a terra diminuída,
gasta e enrugada como uma veste
mil vezes levada à festa e depois à morte?

Hoje o vermelho sobre o verde, as faias
são os grandes violinos verticais da pradaria,
as vacas jogadas no vapor da meia manhã,
a terra
da França vestida com suas folhas de festa.

Talvez a terra somente gaste suas sombras.
Somente gaste a luz que limpa o seu vestido,
só gaste o inverno que lava suas raízes,
e ela fica intacta, sonora, fresca, pura,
como antiga medalha que canta todavia,
lisa, dourada, em meio ao tempo que envelhece.

O trem corre separando as lembranças,
corta-as como espada, disseminando-as, sobe
pelas mesmas colinas, abre os mesmos bosques,
deixa atrás, deixa atrás não somente a distância,
mas o que eu fui, o que viveu comigo:
aquele jovem errante que às vezes susteve
a torre do outono, enquanto o trem violava
como um touro encarnando a frescura da França.

III

Los elegantes barcos cerrados como tumbas
en el pequeño Puerto Viejo... Marsella de mil puntas
como estrella de mar, con ojos encendidos,
alturas amarillas, callejas desdichadas,
el más antiguo viento de Europa sacude
las íntimas banderas de las lavanderías
y un olor de mar desnudo pasea sin pudor
como si Anadiomena crepitara en su espuma
entre el semen, las algas, las colas de pescado
y la voz mercantil de los navíos.

La guerra segregó su vinagre infernal,
su inexplicable cólera contra las callejuelas
y la puerta del mar que nunca conoció
naves que se llamaran "Remordimiento" o "Sangre".
No quiero recordar la rosa dolorosa,
la humillación de sus manos azules:
sigamos nuestro viaje porque sigue la vida
y entonces hoy y ayer y mañana y entonces
el azafrán y el vino preparan el banquete,
relucen los pescados con nupcial aderezo
y los manteles bailan en el aire africano.

IV

Amarrada a la costa como una clara nave,
Cádiz, la pobre y triste rosa de las cenizas,
azul, el mar o el cielo, algunos ojos,

III

Os elegantes barcos fechados como tumbas
no pequeno Porto Velho... Marselha de mil pontas
como estrela do mar, com olhos bem acesos,
alturas amarelas, ruazinhas desditosas,
o mais antigo vento da Europa sacode
as íntimas bandeiras das lavanderias
e um olor de mar desnudo passeia sem pudor
como se Anadiômena crepitasse em sua espuma
entre o sêmen, as algas, os rabos de pescado
e a voz mercantil dos navios.

A guerra segregou seu vinagre infernal,
sua inexplicável cólera contra as ruazinhas
e a porta do mar que nunca conheceu
naves que se chamaram "Remorso" ou "Sangue".
Não quero recordar a rosa dolorosa,
e a humilhação de suas mãos azuis:
sigamos nossa viagem porque segue a vida
e então hoje e ontem e amanhã e então
o açafrão e o vinho preparam o banquete,
reluzem os pescados com nupcial adereço
e as toalhas ficam dançando no ar africano.

IV

Amarrada à costa como uma clara nave,
Cádiz, pobre e triste rosa das cinzas,
azul, o mar ou o céu, e alguns olhos,

rojo, el hibiscus, el geranio tímido,
y lo demás, paredes roídas, alma muerta.

Puerto de los cerrojos, de las rejas cerradas,
de los patios secretos serios como las tumbas,
la miseria manchando como sombra
la dentadura antigua de una ciudad radiante
que tuvo claridad de diamante y espada.
Oh congoja del papel sucio que el viento
enarbola y abate, recorre las calles pisoteado
y luego cae al mar, se consume en las aguas,
último documento, pabellón del olvido,
orgullo del penúltimo español.
La soberbia se fue de los pobres roperos
y ahora una mirada sin más luz que el invierno
sobre los pantalones pulcramente parchados.
Sólo la lotería grita con mentira de oro:
el 8-9-3 el 7-0-1
el esplendor de un número que sube en el silencio
como una enredadera los muros de las ruinas.
De cuando en cuando golpea la calle un palo blanco.
Un ciego y otro ciego. Luego el paño mortuorio
de seis sotanas. Vámonos. Es hora de morir.

V

DESDE ESTAS CALLES, desde estas piedras, desde esta luz
                            [gastada
salió hacia las Américas un borbotón de sangre,
dolor, amor, desgracia, por este mar

vermelho, o hibisco, o gerânio tímido,
e o demais, paredes roídas, alma morta.

Porto dos ferrolhos e das grades fechadas,
e dos pátios secretos sérios como as tumbas,
a miséria manchando como sombra
a dentadura antiga de uma cidade radiosa
que teve claridade de diamante e espada.
Oh angústia do papel sujo que o vento
levanta e abate, percorre as ruas pisoteado
e logo cai no mar, e se consome na água,
último documento, pavilhão do olvido,
orgulho do penúltimo espanhol.
A soberba se foi desses pobres roupeiros
e agora um olhar sem mais luz que o inverno
sobre as calças pulcramente batidas.
Só a loteria grita com mentira de ouro:
o 8-9-3 o 7-0-1
o esplendor de um número que sobe no silêncio
como uma trepadeira nos muros das ruínas.
De quando em quando golpeia a rua um bastão branco.
Um cego e outro cego. Logo o pano mortuário
de seis sotainas. E vamo-nos. É hora de morrer.

V

DESDE ESTAS RUAS, desde estas pedras, desde esta luz
                                          [gasta
saiu até as Américas um borbotão de sangue,
dor, amor, desgraça, por este mar

un día
por esta puerta vino la claridad más verde,
hojas desconocidas, fulgor de frutos, oro,
y hoy las cáscaras sucias de patatas mojadas
por la lluvia y el viento juegan en el vacío.
Y qué más? Sí, sobre los dignos rostros pobres,
sobre la antigua estirpe desangrada,
sobre descubrimientos y crueldades,
encima las campanas de aquella misma sombra,
abajo el agujero para los mismos muertos.
Y el Caudillo, el retrato pegado a su pared
el frío puerco mira la fuerza exterminada.

VI

DE TANTO AYER mis patrias andan aún apenas.

De tanta dignidad sólo quedaron ojos.

Del sueño un ceniciento *souvenir*.

América poblada por descalzos,
mi pueblo arrodillado frente a la falsa cruz,
mineros, indios pobres, galopando borrachos
al lado de los ríos inmortales. Amada mía, América,
descubierta, violada y abandonada bajo
la colérica nieve, la panoplia volcánica:
pueblos sin alfabeto, mordiendo el duro grano
del maíz, el pan de trigo amargo:
americanos, americanos del andrajo,

um dia
por esta porta veio a claridade mais verde,
folhas desconhecidas, fulgor de frutos, ouro,
e hoje as cascas sujas de batatas molhadas
pela chuva e pelo vento jogam no vazio.
E que mais? Sim, e sobre os dignos rostos pobres,
sobre uma antiga estirpe dessangrada,
sobre descobrimentos e crueldades,
em cima os sinos duma mesma sombra,
embaixo o buraco para estes mesmos mortos.
E o Caudilho, retrato preso na parede
o frio porco olha a força exterminada.

VI

De tanto ontem minhas pátrias ainda andam penosamente.

De tanta dignidade só ficaram olhos.

Do sonho um cinzento *souvenir*.

América povoada por descalços,
meu povo de joelhos frente à falsa cruz,
mineiros, índios pobres, galopando bêbados
ao lado dos rios imortais. Amada minha, América,
descoberta, violada e abandonada sob
a colérica neve, a panóplia vulcânica:
povos sem alfabeto, mordendo o duro grão
do milho, o pão de trigo amargo:
americanos, americanos do andrajo,

indios hechos de oxígeno, plantas agonizantes,
negros acostumbrados al grito del tambor,
qué habéis hecho de vuestras agonías?

Oh terribles Españas!

VII

Como dos campanadas en destierro
se responden: ahora, conquistados,
conquistadores: está la familia en la mesa,
separados y unidos en el mismo castigo,
españoles hambrientos y americanos pobres
estamos en la misma mesa pobre del mundo.
Cuando ya se sentó la familia a comer
el pan se había ido de viaje a otro país:
entonces comprendieron que sin ninguna broma
el hambre es sangre y el idioma es hambre.

VIII

Piedad para los pueblos, ayer, hoy y mañana!
A tientas por la historia, cargados de hierro y lágrimas,
crucificados en implacables raíces,
con hambre y sed, amargas enfermedades, odio,
con un saco de sal a la espalda,
de noche a noche, en campos de tierra dura y barro,
aquí y allí, en talleres tapizados de espinas,
en puertos, privilegio del desdén y el invierno,

índios feitos de oxigênio, plantas agonizantes,
negros acostumados ao grito do tambor,
o que vocês fizeram de suas agonias?

Ó terríveis Espanhas!

VII

COMO DOIS TOQUES DE SINO em desterro
se respondem: agora, conquistados,
conquistadores: está a família à mesa,
separados e unidos no mesmo castigo,
espanhóis famintos e americanos pobres
estamos na mesma mesa pobre do mundo.
Quando a família já sentava para comer
o pão tinha viajado para outro país:
então compreenderam que sem brincadeira
a fome é sangue e o idioma é fome.

VIII

PIEDADE para os povos, ontem, hoje, amanhã!
Às cegas pela história, carregados de ferro e lágrimas,
crucificados em implacáveis raízes,
com fome e sede, amargas enfermidades, ódio,
com um saco de sal nas costas,
de noite a noite, em campos de terra dura e barro,
aqui e ali, em oficinas forradas de espinhos,
em portos, privilégio do desdém e o inverno,

y por fin en prisiones
sentenciados
por una cuchillada caída en el hermano.

Sin embargo, a través de la aspereza
se mueve el hombre del hierro a la rosa,
de la herida a la estrella.
Algo pasa: el silencio dará a luz.
He aquí los humillados que levantan los ojos,
cambia el hombre de manos:
el trueno y las espigas se reúnen
y sube el coro negro desde los subterráneos.

Cambia el hombre de la rosa al hierro.
Los pueblos iluminan toda la geografía.

e por fim nas prisões
sentenciados
por talhe de uma faca arremessada ao irmão.

E no entanto, através dessa aspereza
move-se o homem do ferro até a rosa,
da ferida à estrela.
E acontece: o silêncio dará à luz.
Eis aqui os humilhados que levantam os olhos,
muda o homem de mãos:
o trovão e as espigas se reúnem
e sobe o coro negro desde os subterrâneos.

E muda-se o homem da rosa ao ferro.
Os povos iluminam toda a geografia.

CATACLISMO

CATACLISMO

I

LA NOCHE de mil noches y una noche,
la sombra de mil sombras y un latido,
el agua de mil aguas que cayeron,
el fuego destapando sus embudos,
la ceniza vestida de medusa,
la tierra dando un grito.

Hombre soy, por qué nací en la tierra?

Dónde está mi mortaja?

Ésta es la muerte?

II

DE LOS CUARENTA DÍAS fríos que llegaron antes
nadie supo ni vio materia diferente:
se presenta el invierno como un viajero,
como ave regular en el viaje del cielo.
Cuarenta soles con lluvias sobre los montes,
luego la luz, los dedos de la luz en sus guantes,
así es la noche del invierno oscuro como mano dormida,
y luego con la aurora los derechos
del árbol: la arboleda,
y las guerras del árbol: tenaz selva profunda,
interminable como anillo, vestida con un perfume inmenso.

I

A noite de mil noites e uma noite,
a sombra de mil sombras e um palpitar,
a água de mil águas que já caíram,
o fogo que vai destapando crateras,
a cinza vestida de medusa,
a terra dando um grito.

Homem sou, por que nasci nesta terra?

Onde está minha mortalha?

Esta é a morte?

II

E dos quarenta dias frios que chegaram antes
ninguém soube nem viu matéria diferente:
vai apresentar-se o inverno como um viajante,
como ave regular em viagem pelo céu.
Quarenta sóis com chuvas sobre os montes,
e logo a luz, os dedos da luz em suas luvas,
assim é a noite do inverno escuro como mão adormecida,
e logo com a aurora os direitos
da árvore: a alameda,
e as guerras da árvore: tenaz selva profunda,
interminável como anel, vestida com perfume imenso.

III

Yo soy el sumergido de aquellas latitudes,
allí dejé mis manos, mi primera abundancia,
los tesoros vacíos más ricos que el dinero,
el fulgor de aquel mundo de hojas, raíces, sílabas
sin idioma, de hojas entrecortadas
que una a una me hicieron entender una dicha
joven y tenebrosa, y es por eso
que cuando
cayó el humo y el mar, la lava, el miedo
allí cayeron, enredándose en un nudo de espinas
que rodaba temblando sobre el día
con una cola de agua hirsuta y piedras que mordían,
y la tierra paría y moría, agonizaba y nacía,
y otra vez volvía a llamarse tierra y a tener noche
y de nuevo borraba su nombre con espanto,
ay, ay hermanos ausentes, como si el dolor fuera un
                         [sistema intacto,
una copa de aire amargo entre todo el aire del cielo
allí donde yo estuve llegó a mis labios la muerte,
allí donde yo pasé se sacudió la tierra
y se quemó mi corazón con un solo relámpago.

IV

Cuéntame tú, pobre Pedro, pobre Juan,
tú, pobre, silencioso habitante de las islas,
Agustín Pescador casado con María Selva,
O tú, Martín sin olvido, sin nunca más olvido,

III

Eu sou o submerso daquelas latitudes,
deixei ali minhas mãos, minha primeira abundância,
os tesouros vazios mais ricos que o dinheiro,
o fulgor desse mundo de folhas, raízes, sílabas
sem idioma, folhas entrecortadas
que uma a uma me fizeram entender a sorte
jovem e tenebrosa, e é por isso
que quando
caiu a névoa e o mar, a lava, o medo
ali caíram, enredando-se em nó de espinhos
que rodava tremendo sobre o dia
com uma cauda de água hirsuta e pedras que mordiam,
e a terra paria e morria, agonizava e nascia,
e outra vez voltava a chamar-se terra e a ter noite
e de novo apagava o seu nome com espanto,
ai, ai irmãos ausentes, como se a dor fosse um
                           [sistema intacto,
uma taça de ar amargo entre todo o ar do céu,
ali onde eu estive chegou a meus lábios a morte,
ali onde eu estive a terra foi sacudida
e se queimou meu coração com um só relâmpago.

IV

Conta-me tu, pobre Pedro, pobre Juan,
tu, pobre, silencioso habitante das ilhas,
Augustín Pescador casado com María Selva,
ou tu, Martín não esquecido, não mais esquecido,

hijo de la memoria pedregosa,
cuéntame, cuéntame sin día ni noche, sin palabras,
solo con lo que perdiste, las redes, el arado,
la casita y el chancho, la máquina Singer comprada en Temuco
a costa de tanto tejido, de tanto trabajo lloviendo,
lloviendo, siempre con la lluvia a cuestas
y los zapatos de toda la familia
que esperan con paciencia el invierno para perforarse
y podrirse.
Oh ahora tal vez no significa nada el plazo vencido,
ni aquel caballo robado que apareció después en Nehuentúe.
Ahora la gran deuda de la vida fue pagada con miedo,
fue volcada en la tierra como una cosecha
de la que todos huían rezando, llorando y muriendo,
sin comprender por qué nacimos, ni por qué la tierra
que esperó tanto tiempo que madurara el trigo
ahora, sin paciencia, como una brusca viuda
borracha y crepitante se hiciera pagar de golpe
amor y amor, vida y vida, muerte y muerte.

V

EL CEMENTERIO de los Andwanter en la Isla,
frente a Valdivia, escondió cien años
la última gota pura del olvido. Sólo
unos cuantos fundadores muertos, el caballero rubio
y su mujer cocinante, los hijos que devoró el invierno.
Las lianas, las hiedras, las cadenas del bosque,

um filho da memória pedregosa,
conta-me, conta-me sem dia nem noite, sem palavras,
só com o que perdeste, as redes e mais o arado,
a casinha e o porco, a máquina Singer comprada em Temuco
a custa de tanto tecido, de tanto trabalho chovendo,
chovendo, sempre com chuva nas costas
e os sapatos de toda esta família
que esperam com paciência o inverno para perfurar-se e apodrecer.
Ó, agora talvez não signifique nada o prazo vencido,
nem aquele cavalo roubado que apareceu depois em Nehuentúe.
Agora a grande dívida da vida foi paga com medo,
foi derramada na terra como colheita
da qual todos fugiam rezando, chorando e morrendo,
sem saber por que nascemos e por que a terra
que esperou tanto para amadurecer o trigo
agora, impaciente, como uma viúva impetuosa
bêbada e crepitante se fizesse pagar logo
amor e amor, vida e vida, morte e morte.

V

O CEMITÉRIO dos Andwanter na Ilha,
em frente a Valdívia, escondeu cem anos
a última gota pura do olvido. Somente
uns quantos fundadores mortos, o cavaleiro loiro
e sua mulher cozinheira, os filhos que o inverno devorou.
As lianas, as heras, as cadeias do bosque,

los hilos que desde el *drimis winterey* y el *notofagus*
altos como las catedrales que perdieron,
góticos como los sueños feroces de su natalicio,
cosieron con aguja y silencio una pequeña patria
                            [verde,
la iglesia vegetal que sus huesos quería.
Y ahora, aquellos muertos qué hicieron? Dónde viven?
De aquella taza de agua y olvido, de aquella susurrante
sombra secreta, salió también el miedo
a pasear con su ropa inundada por la soledad de
                            [Valdivia?
O también alcanzó allí la lengua del volcán,
el agua interminable que quería matar
y el grito agudo, agudo del mar contra el olvido?

VI

DE PUERTO SAAVEDRA un patio de amapolas,
el no ser de los indios, la torre del verano
como un faro azotado por las olas del trigo,
duro y azul el cielo de la melancolía,
y una raíz cargada de pólvora y perfume
dentro de mí, naciendo, derribando la luna.

El viejo poeta de barba amarilla, pastor del cisne frío,
del cisne errante, cúpula, monarquía de nieve
cápsula clara, nave de los solemnes lagos,
el antiguo poeta que me dio una mano
rápida, fugitiva, antes de irse a su tumba,
ahora qué pudo hacer con su pequeño esqueleto

os fios que desde o *drimis winterey* e o *notofagus*
altos como as catedrais que perderam,
góticos como os sonhos ferozes de seu natalício,
costuraram com agulha e silêncio uma pequena
                              [pátria verde,
a igreja vegetal que os seus ossos queria.
E agora, aqueles mortos que fizeram? Onde vivem?
Daquela taça de água e olvido, daquela sussurrante
sombra secreta, saiu também o medo
a passear com sua roupa inundada pela solidão de
                              [Valdívia?
Ou também ali alcançou a língua do vulcão,
a água interminável que queria matar
e o grito agudo, agudo do mar contra o olvido?

VI

DO PORTO SAAVEDRA um pátio de papoulas,
o não ser dos índios, a torre do verão
como um farol açoitado por ondas de trigo,
duro e azul o céu da melancolia,
e uma raiz carregada de pólvora e perfume
dentro de mim, nascendo, derrubando a lua.

O velho poeta de barba amarela, pastor do cisne frio,
do cisne errante, cúpula, monarquia de neve
a cápsula clara, nave dos solenes lagos,
e o poeta antigo que me deu a mão
rápida, fugitiva, antes de ir para a tumba,
agora que pôde fazer com seu pequeno esqueleto

cuando todo tembló sin cisnes, todo rodó en la lluvia,
y el mar del otro lado devoró el Malecón,
entró por las ventanas odio y agua enemiga,
odio sin fondo, espada de la naturaleza.
Qué pudo hacer mi amigo reducido a semilla,
vuelto a germen, recién tal vez naciendo,
cuando el odio del mar aplastó las maderas
y hasta la soledad quedó sacrificada?

VII

Volcanes! Dioses perdidos, renegados,
dioses substituidos, carnívoras corolas,
me acostumbré a mirar a nivel de agua,
a estatura de insecto o piedrecita
vuestro intacto silencio de caballos nevados,
los cuellos del volcán, los hocicos, los dientes
que sólo mordían frío, los collares
del gran dios Chillán, del Puntiagudo, del Osorno,
las plumas del Villarrica que el viento feroz
disemina en distancia y agua reconcentrada,
oh Tronador, pan recién creado en el horno frío
en mitad de la selva cerrada como una iglesia,
Llaima, con tu penacho de oro y humo,
Aconcagua, pesado padre del silencio en el mundo,
Calbuco volcán fresco, santo de las manzanas.

En este volcán y en el otro la raza de la tierra
fundó su ser y su no ser, apoyó su familia,
formuló leyes escritas con sangre de zorro,
dictó el rapto, la sal, la guerra, la ceniza.

quando tudo tremeu sem cisnes, tudo rodou na chuva,
e o mar do outro lado devorou o Malecón,
entrou pela janela ódio e água inimiga,
ódio sem fundo, uma espada da natureza.
O que pôde fazer meu amigo reduzido a semente,
tornado em gérmen, e recém talvez nascendo,
quando o ódio do mar foi esmagando as madeiras
e até a solidão ficou sacrificada?

VII

Vulcões! Deuses perdidos, renegados,
deuses substituídos, carnívoras corolas,
acostumei-me a olhar em nível de água,
a estatura do inseto ou da pedrinha
vosso intato silêncio de cavalos nevados,
os colos do vulcão, os focinhos, os dentes
que somente mordiam o frio, os colares
do grande deus Chillán, do Pontiagudo, e do Osorno,
as plumas do Villarica que o vento feroz
dissemina em distância e água reconcentrada,
ó Troador, pão recém-criado no forno frio
na metade da selva fechada como uma igreja,
Llaima, com teu penacho de ouro e fumo,
Aconcágua, pesado pai do silêncio no mundo,
Calbuco, vulcão novo, santo das maçãs.

Neste vulcão e no outro uma raça da terra
fundou seu ser e seu não ser, apoiou a família,
formulou leis escritas com sangue de raposa,
e ditou o rapto, o sal, mais a guerra, a cinza.

Así, nació de barro,
de barro de volcán
el primer hombre.

VIII

ADENTRO está el terror, abajo duerme el terror,
es un óvulo estriado que vive en el fuego,
es una pluma pálida que – máquina o medusa –
sube y baja, recorre las venas del volcán,
hasta que frenética saltó de su recinto
y de larva insondable se transformó en corona,
trueno terrible, tubo total de la tormenta,
rosa de azufre y sangre sobre el dios coronado.
Y aquella paz, aquella nieve en la mentira
del agua quieta, en la paciencia del Llanquihue,
todo aquello, el verano con su paloma inmóvil,
terminó en un silbido de fuego profundo:
se rompió el cielo, galopó la tierra,
y cuando sólo el mar podía responder
se juntaron las aguas en una ola cobarde
que palpitó subiendo por la altura
y cayó con su frío en el infierno.

IX

AMOR MÍO, amor mío, ciérrame los ojos
no sólo contra la claridad volcánica, no sólo
contra la oscuridad del miedo: no quiero tener ojos,
no quiero saber ya, ni conocer, ni ser.

Assim, nasceu de barro,
de barro de vulcão,
o primeiro homem.

VIII

Por dentro está o terror, embaixo dorme o terror,
é um óvulo estriado que dorme no fogo,
é uma pluma pálida que – máquina ou medusa –
sobe e baixa, percorrendo as veias do vulcão,
até que frenética saltou do seu recinto
e de larva insondável transformou-se em coroa,
trovão terrível, tubo total da tormenta,
rosa de enxofre e sangue sobre o deus coroado.
E aquela paz, aquela neve na mentira
da água quieta, na paciência do Llanquihue,
tudo aquilo, o verão com sua pomba imóvel,
terminou com um silvar de fogo profundo:
foi rompido o céu, galopou a terra,
e quando só o mar podia responder
juntaram-se as águas na onda covarde
que palpitou subindo pela altura
e caiu com seu frio em pleno inferno.

IX

Amor meu, amor meu, fecha-me os olhos
não só contra a claridade vulcânica, não só
contra a escuridão do medo: não quero ter olhos,
não quero saber já, nem conhecer, nem ser.

Ciérrame los ojos contra todas las lágrimas,
contra mi propio llanto y el tuyo, contra el río
del llanto perpetuo que entre noche y lava
acaricia y horada como un beso sulfúrico
el último vestido de la pobre patria, sentada en una piedra
frente a la invitación insistente del mar,
bajo la inexorable conducta de la cordillera.

X

El miedo envuelve los huesos como una nueva piel,
envuelve la sangre con la piel de la noche,
bajo la planta de los pies mueve la tierra:
no es tu pelo, es el miedo en tu cabeza
como una cabellera de clavos verticales
y lo que ves no son las calles rotas
sino, adentro de ti, tus paredes caídas,
tu infinito frustrado, se desploma
otra vez la ciudad, en tu silencio sólo se oye
la amenaza del agua, y en el agua
los caballos ahogados galopan en tu muerte.

XI

Volveré a ver cuanto fue respetado
por fuego, tierra y mar, sin duda. Un día
llegaré como los emigrados antes de ser vencidos:
esto quedó, esta casa, esta piedra, este hombre.
La ternura tiene una mano de ciclón tardío

Fecha-me os olhos contra todas estas lágrimas,
contra meu próprio pranto e o teu, contra o rio
de pranto perpétuo que entre noite e lava
acaricia e perfura como um beijo sulfúrico
o último vestido da pobre pátria, sentada numa pedra
frente ao convite insistente do mar,
sob a inexorável conduta da cordilheira.

X

O MEDO envolve os ossos como uma nova pele,
envolve o sangue com a pele da noite,
sob a planta dos pés move-se a terra:
não é o cabelo, é o medo em tua cabeça
como uma cabeleira de cravos verticais
e o que vês não são só as ruas rotas
mas, por dentro de ti, tuas paredes caídas,
teu infinito frustrado, desapruma-se
outra vez a cidade, em teu silêncio só se escuta
a ameaça da água, e por esta água
cavalos afogados galopam na tua morte.

XI

VOLTAREI a ver o que foi respeitado
por fogo, terra e mar, sem dúvida. Um dia
chegarei como os emigrados antes de serem vencidos:
isto ficou, esta casa, esta pedra, este homem.
A ternura tem mão de ciclone tardio

para recuperar sus miserables tesoros
y luego olvido y lluvia lavan las manchas digitales
del devorado. Seguramente todo
estará, allí, los veleros
vuelven del archipiélago cargados
con erizos del mar, con tomates de yodo,
con las maderas duras de Chacao
y yo veré el mismo día antiguo con título de nieve,
con un volcán callado a plena luz
y ya el escalofrío más grande de la tierra
se alejó como el viento polar a su destino.
Y crecerá más de una flor, más de un pan, más de
[un hombre
de las mismas raíces olvidadas del miedo.

XII

ARAUCARIA, quién eres? Quién soy? Sujeta!
Sufre! Sujeta! Corran! Aquí estoy! Pero llueve.
No hay nadie más. Cayó la torre. Traigan,
traigan la cucharada, la pala, el azadón,
ahora muero, dónde está la Rosa? No hay nadie,
no hay ventana, no hay luz, se fueron, se murieron.
Yo bajé al patio, entonces no hubo tierra,
todo rodaba, el fuego salía de la esquina.

Tú sabes que Alarcón subió a sus hijos
en la nave, hacia el mar, pero tampoco el mar
estaba allí, el mar se había ido,
había huido, huido, huido el mar

para recuperar seus miseráveis tesouros
e logo o olvido e a chuva lavam as manchas digitais
do devorado. Seguramente tudo
estará ali, os veleiros
voltam do arquipélago carregados
com ouriços do mar, com tomates, de iodo,
com as madeiras duras de Chacao
e eu verei o mesmo dia antigo com título de neve,
com um vulcão calado em plena luz
e já o calafrio mais grande da terra
afastou-se como o vento polar ao seu destino.
E crescerá mais de uma flor, mais de um pão, mais de
                           [um homem
das mesmas raízes esquecidas do medo.

XII

ARAUCÁRIA, quem és? Quem sou? Domina!
Sofre! Sujeita! Corram! Aqui estou! Mas chove.
Não há nada mais. Caiu a torre. Tragam,
tragam a colherada, a pá, o enxadão,
agora morro, onde está Rosa? Não há ninguém,
não tem janela, não tem luz, se foram, morreram.
Eu desci ao pátio, então não houve terra,
tudo rodava, o fogo saía da esquina.

Tu sabes, Alarcón subiu os seus filhos
na nave, até o mar, mas tampouco o mar
estava ali, o mar tinha já partido,
tinha fugido, fugido, fugido o mar

y volvió en una ola, en una negra ola,
en una negra ola el mar
el mar volvió volvió volvió.
En una sola ola los Alarcón murieron.

XIII

Debajo de mis alas mojadas, hijos, dormid,
amarga población de la noche inestable,
chilenos perdidos en el terror, sin nombre,
sin zapatos, sin padre, ni madre, ni sabiduría:
ahora bajo la lluvia tenderemos
el poncho y a plena muerte, bajo mis alas,
a plena noche dormiremos para despertar:
es nuestro deber eterno la tierra enemiga,
nuestro deber es abrir las manos y los ojos
y salir a contar lo que muere y lo que nace.
No hay infortunio que no reconstruya, la aguja
cose que cose el tiempo como una costurera
coserá un rosal rojo sobre las cicatrices
y ahora tenemos nuevas islas, volcanes,
nuevos ríos, océano recién nacido,
ahora seamos una vez más: existiremos,
pongámonos en la cara la única sonrisa que flotó
                            [sobre el agua,
recojamos el sombrero quemado y el apellido muerto,
vistámonos de nuevo de hombre y de mujer desnudos:
construyamos el muro, la puerta, la ciudad:
comencemos de nuevo el amor y el acero:
fundemos otra vez la patria temblorosa.

e voltou numa onda, numa negra onda,
numa negra onda o mar
o mar voltou voltou voltou.
Em uma só onda os Alarcón morreram.

XIII

Debaixo de minhas asas molhadas, filhos, dormi,
amarga população desta noite instável,
chilenos perdidos em um terror, sem nome,
sem sapatos, sem pai, nem mãe, nem sabedoria:
agora sob a chuva estenderemos
o poncho e a plena morte, sob as minhas asas,
a plena noite dormiremos para despertar:
é nosso dever eterno a terra inimiga,
nosso dever é abrir as mãos e os olhos
para sair a contar o que morre e o que nasce.
Não há infortúnio que não se reconstrua, a agulha
cose que cose o tempo como uma costureira
coserá um rosal vermelho sobre as cicatrizes
e agora temos novas ilhas e vulcões,
novos rios, oceano recém-nascido,
agora sejamos uma vez mais: existiremos,
vamos botar na cara o único sorriso que flutuou
                              [sobre a água,
recolhamos o chapéu queimado e o sobrenome morto,
vistamo-nos de novo de homem e de mulher desnudos:
construamos o muro, a porta, a cidade:
comecemos novamente o amor e o aço:
fundemos outra vez a pátria estremecida.

LAUTRÉAMONT RECONQUISTADO

LAUTRÉAMONT RECONQUISTADO

I

Cuando llegó a París tuvo mucho que hacer.
Estas eran las verdaderas calles del hombre.
Aquí las había taladrado como los túneles al gusano
adentro de un queso oscuro, bajo el atroz invierno.
Las casas eran tan grandes que la sabiduría
se empequeñeció y corrió como rata al granero
y sólo fueron habitadas las casas por la sombra,
por la rutina venenosa de los que padecían.
Compró flores, pequeñas flores en el mercado des
                              [Halles
y de Clignancourt absorbió el asco militante,
no hubo piedra olvidada para el pequeño Isidoro,
su rostro se fue haciendo delgado como un diente,
delgado y amarillo como la luna menguante en la pampa,
cada vez era más parecido a la luna delgada.
La noche le robaba hora por hora el rostro.
La noche de París ya había devorado
todos los regimientos, las dinastías, los héroes,
los niños y los viejos, las prostitutas, los ricos y los
                              [pobres.
Ducasse estaba solo y cuanto tuvo de luz lo entregó
                              [cuerpo a cuerpo,
contra la devoradora se dispuso a luchar,
fabricó lobos para defender la luz,
acumuló agonía para salvar la vida,
fue mis allá del mal para llegar al bien.

I

Quando chegou a Paris teve muito que fazer.
Estas eram as verdadeiras ruas do homem.
Aqui as haviam furado como aos túneis o verme
dentro de um queijo escuro, sob o atroz inverno.
As casas eram tão grandes que a sabedoria
tornou-se menor e correu como rato ao paiol
e só foram habitadas as casas pela sombra,
pela rotina venenosa dos que padeciam.
Comprou flores, pequenas flores no mercado Les
 [Halles
e de Clignancourt absorveu o asco militante,
não houve pedra olvidada para o pequeno Isidoro,
seu rosto foi se fazendo fino como um dente,
fino e amarelo como a lua minguante no pampa,
cada vez mais parecido com uma lua afinada.
A noite roubava hora por hora o seu rosto.
A noite de Paris já havia devorado
todos os regimentos, dinastias, heróis,
os meninos e os velhos, as prostitutas, os ricos e os
 [pobres.
Ducasse estava só e quanto teve de luz entregou
 [corpo a corpo,
contra a devoradora se dispôs a lutar,
fabricou lobos para defender a luz,
acumulou agonia para salvar a vida,
foi mais além do mal para chegar ao bem.

II

Lo conocí en el Uruguay cuando era tan pequeño
que se extraviaba en las guitarras del mes de julio,
aquellos días fueron de guerra y de humo,
se desbocaron los ríos, crecieron sin medida las
[aguas.
No había tiempo para que naciera.
Debió volver muchas veces, remontar el deseo,
viajar hasta su origen, hasta por fin llegar
cuando sangre y tambores golpeaban a la puerta,
y Montevideo ardía como los ojos del puma.
Turbulenta fue aquella época, y de color morado
como un deshilachado pabellón de asesinos.
Desde la selva el viento militar
llegaba en un confuso olor a hierba ardiendo.
Los fusiles quebrados a la vera del río
entraban en el agua y a plena medianoche
se habían convertido en guitarras, el viento
repartía sollozos y besos de las barcarolas.

III

Americano! Pequeño potro pálido
de las praderas! Hijo
de la luna uruguaya!
Escribiste a caballo, galopando
entre la dura hierba y el olor a camino,
a soledad, a noche y herraduras!
Cada uno

II

Conheci-o no Uruguai quando era tão pequeno
que se perdia nas guitarras do mês de julho,
aqueles dias foram de guerra e fumaça,
desembocaram os rios, cresceram sem medida as
[águas.
Não havia tempo para que nascesse.
Teve de voltar muitas vezes, remontar o desejo,
viajar até sua origem, até por fim chegar
quando sangue e tambores golpeavam a porta,
e Montevidéu ardia como olhos de puma.
Turbulenta foi aquela época, e de cor vermelha
como um desfiado pavilhão de assassinos.
E desde a selva o vento militar
chegava em um confuso olor de erva ardendo.
Os fuzis quebrados na margem do rio
entravam na água e em plena meia-noite
haviam se convertido em guitarras, o vento
repartia soluços e beijos das barcarolas.

III

Americano! Pequeno potro pálido
das pradarias! Filho
da lua uruguaia!
Escreveste a cavalo, galopando
entre a dura erva e o cheiro do caminho,
a solidão, a noite e ferraduras!
Cada um

de tus cantos fue un lazo,
y Maldoror sentado sobre las calaveras
de las vacas
escribe con su lazo,
es tarde, es una pieza de hotel, la muerte ronda.
Maldoror con su lazo,
escribe que te escribe su larga carta roja.
La vidalita de Maldoror, hacia el Oeste,
las guitarras sin rumbo, cerca del Paraná,
terrenos bajos, el misterioso crepúsculo cayó
como una paletada de sangre sobre la tierra,
las grandes aves carnívoras se despliegan,
sube del Uruguay la noche con sus uvas.
Era tarde, un temblor unánime de ranas,
los insectos metálicos atormentan el cielo,
mientras la inmensa luna se desnuda en la pampa
extendiendo en el frío su sábana amarilla.

IV

EL FALSO cruel de noche prueba sus uñas falsas,
de sus cándidos ojos hace dos agujeros,
con terciopelo negro su razón enmascara,
con un aullido apaga su inclinación celeste.

El sapo de París, la bestia blanda
de la ciudad inmunda lo sigue paso a paso,
lo espera y abre las puertas de su hocico:
el pequeño Ducasse ha sido devorado.

dos teus cantos foi um laço,
e Maldoror sentado sobre as caveiras
das vacas
escreve com seu laço,
é tarde, é um quarto de hotel, a morte ronda.
Maldoror com seu laço,
escreve que escreve a grande carta vermelha.
A vidalita de Maldoror até o Oeste,
guitarras sem rumo, perto do Paraná,
terrenos baixos, o misterioso crepúsculo caiu
como uma pancada de sangue sobre a terra,
as grandes aves carnívoras se desdobram
e sobe do Uruguai a noite com suas uvas.
Era tarde, um tremor unânime de rãs,
os insetos metálicos atormentam o céu,
enquanto a imensa lua fica nua no pampa
estendendo no frio seu lençol amarelo.

IV

O FALSO cruel de noite prova as unhas falsas,
de seus cândidos olhos fará dois buracos,
com veludo negro sua razão dissimula,
com um uivo apaga sua inclinação celeste.

O sapo de Paris, a besta branda
da cidade imunda o persegue passo a passo,
espera-o e abre as portas do seu focinho:
o pequeno Ducasse foi assim devorado.

El ataúd delgado parece que llevara
un violín o un pequeño cadáver de gaviota,
son los mínimos huesos del joven desdichado,
y nadie ve pasar el carro que lo lleva,
porque en este ataúd continúa el destierro,
el desterrado sigue desterrado en la muerte.

Entonces escogió la Commune y en las calles
sangrientas, Lautréamont, delgada torre roja,
amparó con su llama la cólera del pueblo,
recogió las banderas del amor derrotado
y en las masacres Maldoror no cayó,
su pecho transparente recibió la metralla
sin que una sola gota de sangre delatara
que el fantasma se había ido volando
y que aquella masacre le devolvía el mundo:
Maldoror reconocía a sus hermanos.

Pero antes de morir volvió su rostro duro
y tocó el pan, acarició la rosa,
soy, dijo, el defensor esencial de la abeja,
sólo de claridad debe vivir el hombre.

V

DEL NIÑO misteriosos recojamos
cuanto dejó, sus cantos triturados,
las alas tenebrosas de la nave enlutada,
su negra dirección que ahora entendemos.

O ataúde estreito parecendo que levava
violino ou um pequeno cadáver de gaivota,
são os mínimos ossos do jovem sem sorte,
e ninguém vê passar o carro que o carrega,
porque neste ataúde continua o desterro,
o exilado segue desterrado na morte.

Então escolheu a Commune e nas avenidas
sangrentas, Láutreamont, fina torre vermelha,
amparou com sua chama a cólera do povo,
recolheu as bandeiras do amor derrotado
e nos massacres Maldoror não caiu,
seu peito transparente recebeu a metralha
sem que uma só gota de sangue delatasse
que o fantasma fora embora no vôo
e que aquele massacre lhe devolvia o mundo:
Maldoror reconhecia os seus irmãos.

Mas antes de morrer voltou seu rosto duro
e tocou o pão, acariciou a rosa,
sou, disse, o defensor essencial da abelha,
só de claridade o homem deve viver.

V

DO MENINO misteriosos recolhamos
quanto deixou, seus cantos triturados,
as asas tenebrosas da nave enlutada,
seu negro caminho que só agora entendemos.

Ha sido revelada su palabra.
Detrás de cada sombra suya el trigo.
En cada ojo sin luz una pupila.
La rosa en el espacio del honor.
La esperanza que sube del suplicio.
El amor desbordando de su copa.
El deber hijo puro de la madera.
El rocío que corre saludando a las hojas.
La bondad con más ojos que una estrella.
El honor sin medalla ni castillo.

VI

Entonces la muerte, la muerte de París cayó como una tela,
como horrendo vampiro, como alas de paraguas,
y el héroe desangrado la rechazó creyendo
que era su propia imagen, su anterior criatura,
la imagen espantosa de sus primeros sueños.
"No estoy aquí, me fui, Maldoror ya no existe."
"Soy la alegría de la futura primavera"
dijo, y no era la sombra que sus manos crearon,
no era el silbido del folletín en la niebla,
ni la araña nutrida por su oscura grandeza,
era sólo la muerte de París que llegaba
a preguntar por el indómito uruguayo,
por el niño feroz que quería volver,
que quería sonreír hacia Montevideo,
era sólo la muerte que venía a buscarlo.

Assim foi revelada sua palavra.
Detrás de cada sombra sua havia o trigo.
Em cada olho sem luz uma pupila.
A rosa que está no espaço da honra.
A esperança que sobe do suplício.
O amor transbordando de sua taça.
O dever, filho puro da madeira.
O rocio que corre saudando as folhas.
A bondade com mais olhos que a estrela.
A honra sem medalha e sem castelo.

VI

Então a morte, a morte de Paris caiu como uma tela,
como horrendo vampiro, como asas de guarda-chuvas,
e o herói sangrado a rechaçou acreditando
que era sua própria imagem, sua anterior criatura,
a imagem espantosa de seus primeiros sonhos.
"Não estou aqui, parti, Maldoror já não existe."
"Sou a alegria da futura primavera"
disse, e não era a sombra que suas mãos criaram,
e não era o silvo do folhetim na névoa,
nem a aranha nutrida por sua escura grandeza,
era só a morte de Paris que chegava
perguntando pelo indomável uruguaio,
pelo menino feroz que queria voltar,
que queria sorrir para Montevidéu,
era somente a morte que vinha buscá-lo.

OCEANA

OCEANIA

I

OCEANA NUPCIAL, caderas de las islas,
aquí a mi lado, cántame los desaparecidos
cantares, signos, números del río deseado.
Quiero oír lo invisible, lo que cayó del tiempo
al palio equinoccial de las palmeras.
Dame el vino secreto que guarda cada sílaba:
ir y venir de espumas, razas de miel caídas
al cántaro marino sobre los arrecifes.

II

YO NO SOY, yo perdí los días porque entonces
me faltaba, Oceana, tu guitarra florida
y era de madreperla la boca de la aurora:
entraba la marea con su trueno en las islas
y todo era fulgor, menos mi vida,
menos mi corazón sin azahares.

III

OCEANA, reclina tu noche en el castillo
que aguardó sin cesar pasar tu cabellera
en cada ola que el mar elevaba en el mar
y luego no eras tú sino el mar que pasaba,
sino el mar sino el mar y yo qué pude hacer:
era tarde, otro día se abría con mi llave,
otra puerta, y el mar continuaba vacío.

I

OCEANIA NUPCIAL, cintura das ilhas,
aqui a meu lado canta-me os desaparecidos
cantares, signos, números do rio desejado.
Quero ouvir o invisível, o que caiu do tempo
sobre o pálio equinocial das palmeiras.
Dá-me o vinho secreto que guarda cada sílaba:
ir e vir de espumas, raças de mel caídas
no cântaro marinho sobre os arrecifes.

II

EU NÃO SOU, eu perdi os dias porque então
faltava-me, Oceania, tua guitarra florida
e era de madrepérola a boca da aurora:
entrava a maré com seu troar nas ilhas
e tudo era fulgor, menos minha vida,
menos meu coração sem flor de pomar.

III

OCEANIA, reclina tua noite no castelo
que esperou sem cessar tua cabeleira
em cada onda que o mar levantava no mar
e logo não eras tu mas o mar que passava,
mas o mar, mas o mar e o que pude fazer:
era tarde, outro dia se abria com minha chave,
outra porta, e o mar continuava vazio.

IV

Entonces, fui gastando mi sonrisa y cayeron
uno a uno mis dientes en la caja de hierro.
Furioso contemplé los santos enlutados,
los ataúdes de ámbar que traía el crepúsculo,
los minerales prisioneros en su abismo,
las algas lastimeras meciéndose en la niebla
y sin tocar tus párpados, Oceana amarilla,
Oceana negra, Oceana de manos transparentes,
estiré mis sentidos hasta que sin saberlo
se desató en el mar la rosa repentina.

V

Cántame caracola, cuéntame la campana,
cántame la paciencia del trigo submarino,
el tembloroso rey coronado de vértebras,
la luna diametral que lloraba de frío.
Y si hay alguna lágrima perdida en el idioma
déjala que resbale hasta mi copa,
bebiéndola sabré lo que no supe entonces:
cántame lo que fue de labio a labio a labio
haciéndose cantar sin tocar tierra,
puro en el aire puro de los días de miel,
alto en el aire como la palma sempiterna.

IV

Então fui gastando o meu sorriso e caíram
um a um meus dentes na caixa de ferro.
Furioso contemplei os santos enlutados,
os ataúdes de âmbar que o crepúsculo trazia,
os minerais prisioneiros em seu abismo,
as algas lastimosas movendo-se na névoa
e sem tocar tuas pálpebras, Oceania amarela,
Oceania negra, Oceania de mãos transparentes,
estirei meus sentidos até que sem sabê-lo
desatou-se no mar a rosa repentina.

V

Canta-me caracol, conta-me o sino,
canta-me a paciência do trigo submarino,
um estremecido rei coroado de vértebras,
a lua diametral que chorava de frio.
E se tem alguma lágrima perdida no idioma
deixe que deslize até minha taça,
bebendo-a saberei o que não sabia então:
canta-me o que foi de lábio a lábio a lábio
fazendo-se cantar sem tocar terra,
puro no ar puro dos dias de mel,
alto no ar como a palma sempiterna.

VI

Sirena o palma plena, paloma de la espuma,
sosiego de guitarras en lento y alto vuelo,
repíteme el cantar que en mi sangre circula
sin que tuviera voz hasta que tú llegaste,
llegaste palpitante de espuma peregrina,
de costas que no existen, duramente doradas,
de los cuentos caídos hoja por hoja al agua
y a la tierra poblada por negros regimientos.

VII

Tengo hambre de no ser sino piedra marina,
estatua, lava, terca torre de monumento
donde se estrellan olas ya desaparecidas,
mares que fallecieron con cántico y viajero.
Por eso cuando desde lo que no existe, Oceana,
asomaron tus anchos ojos, y tus pulseras
tintineando en la lluvia me anunciaron
que llegabas, corola de los mares, tardía,
mi corazón salió perdido por las calles
y desde entonces cántame con ojos de guitarra.

Desde entonces suspírame con uvas de amatista,
y manzanas y dátiles estrictamente tiernos,
frutos, frutos recién robados a la aurora,
agredidos aún por balas del rocío.
Y que la cesta de agua contenga peras puras,
mangos desarrollados a dulzura remota,

VI

SEREIA ou palma plena, uma pomba de espuma,
sossego de guitarras em lento e alto vôo,
repete o cantar que no meu sangue circula
sem que tivesse voz até que tu chegaste,
chegaste palpitante e espuma peregrina,
de costas inexistentes, duras, douradas,
dos contos caídos folha por folha na água
e a terra povoada de negros regimentos.

VII

TENHO FOME de não ser mais que pedra marinha,
estátua, lava, teimosa torre de monumento
onde se estrelam ondas já desaparecidas,
marés que faleceram com cântico e viajante.
Por isso quando desde o que não existe, Oceania,
assomaram teus largos olhos, e tuas pulseiras
tilintando na chuva me anunciaram
que chegavas, corola dos mares, tardia,
meu coração saiu perdido pelas ruas
e desde então canta-me com olhos de guitarra.

Desde então deseja-me com uvas de ametista,
e maçãs e tâmaras estritamente ternas,
frutos, os frutos recém-roubados da aurora,
agredidos ainda por balas do rocio.
E que a cesta de água contenha peras puras,
mangas desenvolvidas em doçura remota,

guanábanas copiosas, pomposas, olorosas,
los crímenes radiantes que esconde la granada,
la miel en la barriga de pálidos melones.

VIII

OCEANA, dame las conchas del arrecife
para cubrir con sus relámpagos los muros,
los Spondylus, héroes coronados de espinas,
el esplendor morado del murex en su roca:
tú sabes cómo sobre la sal ultramarina
en su nave de nieve navega el Argonauta.

IX

PLUMAJES! Trae contigo el ave
que enlaza la secreta profundidad y el cielo,
ven envuelta en tu ropa natal de colibríes
hasta que pluma a pluma vuelen las esmeraldas.

X

RECUERDA el corazón de pájaro que llevas
en su jaula: el debate de las alas y el canto,
y de tantos violines que vuelan y fulguran
recoge tú, recógeme sonido y pedrería.
Hasta que envueltos en aire y fuego vamos
acompañados por la sonora asamblea
a la cascada de lingotes matutinos.
Y nuestro amor palpite como un pez en el frío.

goiabas copiosas, pomposas, olorosas,
os pecados radiantes escondidos na romã,
o mel na barriga dos pálidos melões.

VIII

OCEANIA, dá-me as conchas do arrecife
para cobrir com seus relâmpagos os muros,
os Spondylus, heróis coroados de espinhos,
o esplendor moreno do murex na sua rocha:
tu sabes como sobre o sal ultramarino
na sua nave de neve navega o Argonauta.

IX

PLUMAGENS! Traga contigo a ave
que enlaça a secreta profundeza do céu,
vem envolta em tua roupa natal de colibris
até que pluma a pluma voem as esmeraldas.

X

RECORDA o coração de pássaro que levas
na sua jaula: o debate das asas e o canto,
e de tantos violinos que voam e fulguram
recolhe tu, recolhe-me som e pedraria.
Até que envoltos no ar e fogo vamos
acompanhados pela sonora assembléia
até a cascata de lingotes matutinos.
E nosso amor palpite como um peixe no frio.

XI

AL FIN, al fin no vuelvas a tu piedra marina,
Oceana, alma mía, ámbar del Sur, donaire.

En nave nuestra, en tierra recibimos
el polen y el pescado de las islas distantes,
oyendo, oyendo lejos, susurro y barcarola,
el rito matinal de los remos perdidos.

Yo soy, Oceana, sólo alguien que te esperaba
en la torre de un faro que no existe,
y éste es un cuento en donde no sube otra marea
que tus senos marinos bajo la luz nocturna.

Y sólo dos verdades hay en esta sonata:
tus dos ojos oscuros abiertos en el agua.

XI

Ao fim, ao fim não voltes a tua pedra marinha.
Oceania, alma minha, âmbar do Sul, donaire.

Na nave nossa, em terra recebemos
o pólen e o pescado dessas ilhas distantes
ouvindo, ouvindo longe, sussurro e barcarola,
o rito matinal dos remos perdidos.

Eu sou, Oceania, só alguém que te esperava
na torre do farol que não existe,
e este é um conto onde não sobe outra maré
que teus seios marinhos sob a luz noturna.

Somente duas verdades tem nesta sonata:
os teus dois olhos escuros abertos na água.

FIN DE FIESTA

FIM DE FESTA

I

Hoy es el primer día que llueve sobre Marzo,
sobre las golondrinas que bailan en la lluvia,
y otra vez en la mesa está el mar,
todo está como estuvo dispuesto entre las olas,
seguramente así seguirá siendo.

Seguirá siendo, pero yo, invisible,
alguna vez ya no podré volver
con brazos, manos, pies, ojos, entendimiento,
enredados en sombra verdadera.

II

En aquella reunión de tantos invitados
uno por uno fueron regresando a la sombra
y son así las cosas después de las reuniones,
se dispersan palabras, y bocas, y caminos,
pero hacia un solo sitio, hacia no ser, de nuevo
se pusieron a andar todos los separados.

III

Fin de fiesta... Llueve sobre Isla Negra,
sobre la soledad tumultuosa, la espuma,
el polo centelleante de la sal derribada,
todo se ha detenido menos la luz del mar.
Y adónde iremos?, dicen las cosas sumergidas.

I

Hoje é o primeiro dia que chove sobre março,
e sobre as andorinhas que dançam na chuva,
e outra vez na mesma mesa está o mar,
tudo está como esteve disposto nas ondas,
seguramente assim seguirá sendo.

Seguirá sendo, mas eu, invisível,
alguma vez já não poderei voltar
com braços e mãos, pés, olhos, entendimento,
enredados na sombra verdadeira.

II

Naquela reunião tinha tantos convidados
um por um foram regressando para a sombra
e são assim as coisas depois das reuniões,
dispersam-se palavras, bocas e caminhos,
mas até um só lugar, até não ser, de novo
puseram-se a andar os que estavam separados.

III

Fim de festa... Chove sobre Isla Negra,
sobre a solidão tumultuosa, sobre a espuma,
o pólo cintilante do sal derrubado,
tudo se deteve menos a luz do mar.
Para aonde iremos?, dizem as coisas submersas.

Qué soy?, pregunta por vez primera el alga,
y una ola, otra ola, otra ola responden:
nace y destruye el ritmo y continúa:
la verdad es amargo movimiento.

IV

Poemas deshabitados, entre cielo y otoño,
sin personas, sin gastos de transporte,
quiero que no haya nadie por un momento en
                              [mis versos,
no ver en la arena vacía los signos del hombre,
huellas de pies, papeles muertos, estigmas
del pasajero, y ahora
estática niebla, color de Marzo, delirio
de aves del mar, petreles, pelícanos, palomas
de la sal, infinito
aire frío,
una vez más antes de meditar y dormir,
antes de usar el tiempo y extenderlo en la noche,
por esta vez la soledad marítima,
boca a boca con el húmedo mes y la agonía
del verano sucio, ver cómo crece el cristal,
cómo sube la piedra a su inexorable silencio,
cómo se derrama el océano sin matar su energía.

Que sou?, pergunta pela primeira vez a alga,
e uma onda, outra onda, outra onda assim respondem:
nasce e arruina o ritmo que continua:
a verdade é amargo movimento.

IV

POEMAS DESABITADOS, entre céu e outono,
sem pessoas, e sem gastos de transporte,
quero que não tenha ninguém por um momento em
                              [meus versos,
e não ver na areia vazia os sinais do homem,
marcas dos pés, papéis mortos, estigmas
do passageiro, e agora
estática névoa, cor de março, delírio
de aves do mar, petréis, pelicanos e pombas
de sal, o infinito
ar frio,
uma vez mais antes de meditar e dormir,
antes de usar o tempo e estendê-lo na noite,
por esta vez a sociedade marítima,
boca a boca com o úmido mês e a agonia
do verão sujo, para ver crescer o cristal,
como sobe a pedra ao inexorável silêncio,
como derrama o oceano sem matar sua energia.

V

Nos pasamos la vida preguntando: cuánto?
Y vimos a nuestros padres con el cuánto en los ojos,
en la boca, en las manos, cuánto por aquello,
por esto, cuánto por la tierra, por el kilo de pan,
y también por las espléndidas uvas y por los zapatos.
Cuánto cuesta, señor, cuánto cuesta, nos habíamos
vestido de sonrisas aquel día sin duda
y los padres, con ropa remendada, inseguros
entraban al almacén como a una iglesia terrible.
Pero, después, más lejos, fue lo mismo.

VI

No gusta a los estetas la moraleja, murió
cuando la poesía enseñaba al hombre a ser hombre
y además le dejaba un fulgor de violeta en el alma.
Por eso digo dónde y cómo
y en todas partes desde el trono al petróleo
se ensangrentaba el mundo preguntando,
cuánto? y el grano de la cólera crecía
con el cuánto en las sílabas de todos los idiomas,
si digo y sigo seré un violín gastado,
un trovador que agobió la duda y la verdad.

V

Nós passamos a vida perguntando: quanto?
E vemos os nossos pais com o quanto nos olhos,
na boca, nas mãos, quanto por aquilo,
por isto, quanto pela terra, pelo quilo de pão,
e também pelas esplêndidas uvas, pelos sapatos.
Quanto custa, senhor, quanto custa, nos havíamos
vestido de sorrisos aquele dia, sem dúvida,
e os pais, com a roupa remendada, inseguros,
entravam no armazém como numa igreja terrível.
Mas, depois, mais longe, foi o mesmo.

VI

Não agrada aos estetas a moral, morreu
quando a poesia ensinava o homem a ser homem
e também deixava nele um fulgor de violeta na alma.
Por isso digo onde e como
e em todas as partes desde o trono ao petróleo
se ensangüentava o mundo perguntando,
quanto?, e o grão da cólera crescia
com o quanto nas sílabas de todos os idiomas,
se digo e sigo serei um violino gasto,
um trovador que confundiu a dúvida e a verdade.

VII

EL DEBER CRUDO, como es cruda la sangre de una herida
o como es aceptable a pesar de todo el viento frío reciente,
nos hace soldados, nos hace la voz y el paso
de los guerreros, pero es con ternura indecible
que nos llaman la mesa, la silla, la cuchara,
y en plena guerra oímos cómo gritan las copas.
Pero no hay paso atrás! Nosotros escogimos,
nadie pesó en las alas de la balanza
sino nuestra razón abrumadora
y este camino se abrió con nuestra luz:
pasan los hombres sobre lo que hicimos,
y en este pobre orgullo está la vida,
es éste el esplendor organizado.

VIII

FIN DE FIESTA... Es tiempo de agua,
se mueven los ríos subterráneos de Chile
y horadan el fondo fino de los volcanes,
atraviesan el cuarzo y el oro, acarrean silencio.
Son grandes aguas sagradas que apenas conoce el
                              [hombre,
se dice mar, se dice Cabo de Hornos,
pero este reino no tiene mancha humana,
la especie aquí no pudo implantar sus comercios,
sus motores, sus minas, sus banderas,
es libre el agua y se sacude sola,
se mueve y lava, lava,

VII

O DEVER CRU, como é cru o sangue duma ferida
ou como é aceitável apesar de todo o vento frio recente,
faz de nós soldados, nos faz a voz e o passo
dos guerreiros, mas é com ternura indizível
que nos chamam a mesa, a cadeira, a colher
e em plena guerra ouvimos o gritar das taças.
Mas não há passo para trás! Nós escolhemos,
ninguém pesou nas asas da balança
senão a nossa razão perturbadora
e este caminho se abriu com nossa luz:
passam os homens sobre o que fizemos,
e neste pobre orgulho vige a vida,
e é este o esplendor organizado.

VIII

FIM DE FESTA... é tempo das águas,
movem-se os rios subterrâneos do Chile
e perfuram o fundo fino dos vulcões,
atravessam o quartzo e o ouro, carregam silêncio.
São grandes águas sagradas que apenas conhece o
                            [homem,
dizemos mar, dizemos Cabo Horn,
mas este reino não tem mancha humana,
a espécie aqui não pode implantar seus comércios,
seus motores, suas minas, suas bandeiras,
é livre a água e se movimenta só,
move-se e lava, lava,

lava piedras, arenas, utensilios, heridos,
no se consume como el fuego sangriento,
no se convierte en polvo ni en ceniza.

IX

La noche se parece al agua, lava el cielo,
entra en los sueños con un chorro agudo
la noche
tenaz, interrumpida y estrellada,
sola
barriendo los vestigios
de cada día muerto
en lo alto las insignias
de su estirpe nevada
y abajo
entre nosotros
la red de sus cordeles, sueño y sombra.

De agua, de sueño, de verdad desnuda,
de piedra y sombra
somos o seremos,
y los nocturnos no tenemos luz,
bebemos noche pura,
en el reparto nos tocó la piedra
del horno cuando fuimos
a sacar el pan
sacamos sombra
y por la vida
fuimos

lava pedras, areia, utensílios, feridos,
não se acaba com o fogo sangrento,
não se converte em pó nem em cinza.

IX

A NOITE PARECE a água, lava o céu,
entra nos sonhos como jorro agudo,
a noite
é tenaz, interrompida e estrelada,
só
varrendo os vestígios
de cada dia morto
no alto das insígnias
da estirpe nevada
e abaixo
entre nós
a rede de seus cordéis, sonho e sombra.

De água, de sonho, de verdade nua,
de pedra e sombra
somos ou seremos,
e os notívagos não temos luz,
bebemos noite pura,
e no reparte a pedra nos tocou
do forno quando fomos
tirar o pão
tiramos sombra
e pela vida
fomos

divididos:
nos partió la noche,
nos educó en mitades
y anduvimos
sin tregua, traspasados
por estrellas.

X

Los desgranados, los muertos de rostro tierno,
los que amamos, los que brillan
en el firmamento, en la multitud del silencio,
hicieron temblar la espiga con su muerte,
nos pareció morir, nos llevaban con ellos
y quedamos temblando en un hilo, sintiendo la amenaza,
y así siguió la espiga desgranándose
y el ciclo de las vidas continúa.

Pero, de pronto, faltan a la mesa
los más amados muertos, y esperamos,
y no esperamos, es así la muerte,
se va acercando a cada silla y luego
allá ya no se sienta la que amamos,
se murió con violín el pobre Alberto,
y se desploma el padre hacia el abuelo.

divididos:
nos cortou a noite,
nos educou em metades
e andamos
sem trégua, traspassados
por estrelas.

X

O<small>S DEBULHADOS</small>, os mortos de rosto terno,
os que amamos, os que brilham
no firmamento, na multidão do silêncio,
fizeram tremer a espiga com sua morte,
parecíamos morrer, nos levavam com eles
e ficamos tremendo num fio, sentindo a ameaça,
e assim seguiu a espiga debulhando-se
e o ciclo das vidas continua.

Mas, rapidamente, faltam à mesa
os mais amados mortos, e esperamos,
e não esperamos, assim é a morte,
vai se aproximando à cadeira e logo
lá já não senta a que nós amamos,
morreu com seu violino o pobre Alberto,
e vai desprender-se o pai até o avô.

XI

Construyamos el día que se rompe,
no demos cuerda a cada hora sino
a la importante claridad, al día,
al día que llegó con sus naranjas.
Al fin de cuentas de tantos detalles
no quedará sino un papel
marchito, masticado, que rodará en la arena
y será por inviernos devorado.

Al fin de todo no se recuerda la hoja
del bosque, pero quedan
el olor y el temblor en la memoria:
de aquella selva aún vivo impregnado,
aún susurra en mis venas el follaje,
pero ya no recuerdo día ni hora:
los números, los años son infieles,
los meses se reúnen en un túnel tan largo
que Abril y Octubre suenan como dos piedras locas,
y en un solo canasto se juntan las manzanas,
en una sola red la plata del pescado,
mientras la noche corta con una espada fría
el resplandor de un día que de todas maneras
vuelve mañana, vuelve si volvemos.

XI

Construamos o dia que se rompe,
não demos corda a cada hora mas
à importante claridade, ao dia,
ao dia que chegou com suas laranjas.
Ao fim de contas de tantos detalhes
não ficará mais que um papel
murcho, mastigado, que rodará na areia
e será devorado por invernos.

Ao fim de tudo não se recorda a folha
do bosque, mas ficam
o olor e o tremor em nossa memória:
daquela selva ainda vivo impregnado,
ainda sussurra em minhas veias a folhagem,
mas já não lembro do dia nem da hora:
os números, os anos são infiéis,
os meses se reúnem num túnel tão largo
que abril e outubro soam como duas pedras loucas,
e numa só canastra juntam-se as maçãs,
numa só rede a prata do pescado,
enquanto a noite corta com a espada fria
o resplendor do dia que de toda maneira
retornará amanhã, se nós voltarmos.

XII

Espuma blanca, Marzo en la Isla, veo
trabajar ola y ola, quebrarse la blancura,
desbordar el océano de su insaciable copa,
el cielo estacionario dividido
por largos lentos vuelos de aves sacerdotales
y llega el amarillo,
cambia el color del mes, crece la barba
del otoño marino,
y yo me llamo Pablo,
soy el mismo hasta ahora,
tengo amor, tengo dudas,
tengo deudas,
tengo el inmenso mar con empleados
que mueven ola y ola,
tengo tanta intemperie que visito
naciones no nacidas:
voy y vengo del mar y sus paises,
conozco
los idiomas de la espina,
el diente del pez duro,
escalofrío de las latitudes,
la sangre del coral, la taciturna
noche de la ballena,
porque de tierra en tierra fui avanzando
estuarios, insufribles territorios,
y siempre regresé, no tuve paz:
qué podía decir sin mis raíces?

XII

Espuma branca, março na Ilha, vejo
trabalhar onda a onda, quebrar-se na brancura,
transbordar o oceano de sua insaciável taça,
o céu estacionário dividido
por largos lentos vôos de aves sacerdotais,
e chega o amarelo
e muda a cor do mês, crescendo a barba
do outono marinho,
e eu me chamo Pablo,
sou o mesmo até agora,
tenho amor e dúvidas,
tenho dívidas,
e eu tenho o imenso mar com empregados
que movem onda a onda,
tenho tanta intempérie que visito
nações não nascidas:
vou e venho do mar e seus países,
conheço
os idiomas do espinho,
o dente do peixe duro,
o calafrio de toda latitude,
o sangue do coral, a taciturna
noite da baleia,
porque de terra em terra fui avançando
estuários, insofríveis territórios,
e sempre regressei, não tive paz:
que poderia dizer sem minhas raízes?

XIII

Qué podía decir sin tocar tierra?
A quién me dirigía sin la lluvia?
Por eso nunca estuve donde estuve
y no navegué más que de regreso
y de las catedrales no guardé
retrato ni cabellos: he tratado
de fundar piedra mía a plena mano,
con razón, sin razón, con desvarío,
con furia y equilibrio: a toda hora
toqué los territorios del león
y la torre intranquila de la abeja,
por eso cuando vi lo que ya había visto
y toqué tierra y lodo, piedra y espuma mía,
seres que reconocen mis pasos, mi palabra,
plantas ensortijadas que besaban mi boca,
dije: "aquí estoy", me desnudé en la luz,
dejé caer las manos en el mar,
y cuando todo estaba transparente,
bajo la tierra, me quedé tranquilo.

XIII

Que poderia dizer sem tocar terra?
A quem me dirigia sem a chuva?
E por isso nunca estive onde estive
e não naveguei mais que de regresso
e das catedrais eu não guardei
retrato nem cabelos: eu tratei
de fundar pedra minha a plena mão,
com razão, sem razão, com desvario,
com fúria e com equilíbrio: a toda hora
toquei o território do leão
e a torre mais intranqüila da abelha,
por isso quando vi o que já havia visto
e toquei terra e lodo, pedra e espuma minha,
seres que reconhecem meus passos, minha palavra,
plantas incrustadas que beijavam a minha boca,
disse: "aqui estou", me desnudei na luz,
deixei cair as minhas mãos no mar,
e quando tudo estava transparente,
embaixo da terra, fiquei tranqüilo.

Coleção L&PM POCKET

1. **Catálogo geral da Coleção**
2. **Poesias** – Fernando Pessoa
3. **O livro dos sonetos** – org. Sergio Faraco
4. **Hamlet** – Shakespeare / trad. Millôr
5. **Isadora, frag. autobiográficos** – Isadora Duncan
6. **Histórias sicilianas** – G. Lampedusa
7. **O relato de Arthur Gordon Pym** – Edgar A. Poe
8. **A mulher mais linda da cidade** – Bukowski
9. **O fim de Montezuma** – Hernan Cortez
10. **A ninfomania** – D. T. Bienville
11. **As aventuras de Robinson Crusoé** – D. Defoe
12. **Histórias de amor** – A. Bioy Casares
13. **Armadilha mortal** – Roberto Arlt
14. **Contos de fantasmas** – Daniel Defoe
15. **Os pintores cubistas** – G. Apollinaire
16. **A morte de Ivan Ilitch** – L.Tolstói
17. **A desobediência civil** – D. H. Thoreau
18. **Liberdade, liberdade** – F. Rangel e M. Fernandes
19. **Cem sonetos de amor** – Pablo Neruda
20. **Mulheres** – Eduardo Galeano
21. **Cartas a Théo** – Van Gogh
23. **Don Juan** – Molière / Trad. Millôr Fernandes
24. **Horla** – Guy de Maupassant
25. **O caso de Charles Dexter Ward** – Lovecraft
26. **Vathek** – William Beckford
27. **Hai-Kais** – Millôr Fernandes
28. **Adeus, minha adorada** – Raymond Chandler
29. **Cartas portuguesas** – Mariana Alcoforado
30. **A mensageira das violetas** – Florbela Espanca
31. **Espumas flutuantes** – Castro Alves
32. **Dom Casmurro** – Machado de Assis
34. **Alves & Cia.** – Eça de Queiroz
35. **Uma temporada no inferno** – A. Rimbaud
36. **A corresp. de Fradique Mendes** – Eça de Queiroz
37. **Antologia poética** – Olavo Bilac
39. **O rei Lear** – Shakespeare
40. **Memórias póstumas de Brás Cubas** – M. de Assis
41. **Que loucura!** – Woody Allen
42. **O duelo** – Casanova
44. **Gentidades** – Darcy Ribeiro
45. **Mem. de um Sarg. de Milícias** – M. A. de Almeida
46. **Os escravos** – Castro Alves
47. **O desejo pego pelo rabo** – Pablo Picasso
48. **Os inimigos** – Máximo Gorki
49. **O colar de veludo** – Alexandre Dumas
50. **Livro dos bichos** – Vários
51. **Quincas Borba** – Machado de Assis
53. **O exército de um homem só** – Moacyr Scliar
54. **Frankenstein** – Mary Shelley
55. **Dom Segundo Sombra** – Ricardo Güiraldes
56. **De vagões e vagabundos** – Jack London
57. **O homem bicentenário** – Isaac Asimov
58. **A viuvinha** – José de Alencar
59. **Livro das cortesãs** – org. de Sergio Faraco
60. **Últimos poemas** – Pablo Neruda
61. **A moreninha** – Joaquim Manuel de Macedo
62. **Cinco minutos** – José de Alencar
63. **Saber envelhecer e a amizade** – Cícero
64. **Enquanto a noite não chega** – J. Guimarães
65. **Tufão** – Joseph Conrad
66. **Aurélia** – Gérard de Nerval
67. **I-Juca-Pirama** – Gonçalves Dias
68. **Fábulas** – Esopo
69. **Teresa Filósofa** – Anônimo do Séc. XVIII
70. **Avent. inéditas de Sherlock Holmes** – A. C. Doyle
71. **Quintana de bolso** – Mario Quintana
72. **Antes e depois** – Paul Gauguin
73. **A morte de Olivier Bécaille** – Émile Zola
74. **Iracema** – José de Alencar
75. **Iaiá Garcia** – Machado de Assis
76. **Utopia** – Tomás Morus
77. **Sonetos para amar o amor** – Camões
78. **Carmem** – Prosper Mérimée
79. **Senhora** – José de Alencar
80. **Hagar, o horrível 1** – Dik Browne
81. **O coração das trevas** – Joseph Conrad
82. **Um estudo em vermelho** – Arthur Conan Doyle
83. **Todos os sonetos** – Augusto dos Anjos
84. **A propriedade é um roubo** – P.-J. Proudhon
85. **Drácula** – Bram Stoker
86. **O marido complacente** – Sade
87. **De profundis** – Oscar Wilde
88. **Sem plumas** – Woody Allen
89. **Os bruzundangas** – Lima Barreto
90. **O cão dos Baskervilles** – Arthur Conan Doyle
91. **Paraísos artificiais** – Charles Baudelaire
92. **Cândido, ou o otimismo** – Voltaire
93. **Triste fim de Policarpo Quaresma** – Lima Barreto
94. **Amor de perdição** – Camilo Castelo Branco
95. **A megera domada** – Shakespeare / trad. Millôr
96. **O mulato** – Aluísio Azevedo
97. **O alienista** – Machado de Assis
98. **O livro dos sonhos** – Jack Kerouac
99. **Noite na taverna** – Álvares de Azevedo
100. **Aura** – Carlos Fuentes
102. **Contos gauchescos e Lendas do sul** – Simões Lopes Neto
103. **O cortiço** – Aluísio Azevedo
104. **Marília de Dirceu** – T. A. Gonzaga
105. **O Primo Basílio** – Eça de Queiroz
106. **O ateneu** – Raul Pompéia
107. **Um escândalo na Boêmia** – Arthur Conan Doyle
108. **Contos** – Machado de Assis
109. **200 Sonetos** – Luis Vaz de Camões
110. **O príncipe** – Maquiavel
111. **A escrava Isaura** – Bernardo Guimarães
112. **O solteirão nobre** – Conan Doyle
114. **Shakespeare de A a Z** – Shakespeare
115. **A relíquia** – Eça de Queiroz
117. **Livro do corpo** – Vários
118. **Lira dos 20 anos** – Álvares de Azevedo
119. **Esaú e Jacó** – Machado de Assis
120. **A barcarola** – Pablo Neruda
121. **Os conquistadores** – Júlio Verne
122. **Contos breves** – G. Apollinaire
123. **Taipi** – Herman Melville

124. **Livro dos desaforos** – org. de Sergio Faraco
125. **A mão e a luva** – Machado de Assis
126. **Doutor Miragem** – Moacyr Scliar
127. **O penitente** – Isaac B. Singer
128. **Diários da descoberta da América** – C.Colombo
129. **Édipo Rei** – Sófocles
130. **Romeu e Julieta** – Shakespeare
131. **Hollywood** – Bukowski
132. **Billy the Kid** – Pat Garrett
133. **Cuca fundida** – Woody Allen
134. **O jogador** – Dostoiévski
135. **O livro da selva** – Rudyard Kipling
136. **O vale do terror** – Arthur Conan Doyle
137. **Dançar tango em Porto Alegre** – S. Faraco
138. **O gaúcho** – Carlos Reverbel
139. **A volta ao mundo em oitenta dias** – J. Verne
140. **O livro dos esnobes** – W. M. Thackeray
141. **Amor & morte em Poodle Springs** – Raymond Chandler & R. Parker
142. **As aventuras de David Balfour** – Stevenson
143. **Alice no país das maravilhas** – Lewis Carroll
144. **A ressurreição** – Machado de Assis
145. **Inimigos, uma história de amor** – I. Singer
146. **O Guarani** – José de Alencar
147. **A cidade e as serras** – Eça de Queiroz
148. **Eu e outras poesias** – Augusto dos Anjos
149. **A mulher de trinta anos** – Balzac
150. **Pomba enamorada** – Lygia F. Telles
151. **Contos fluminenses** – Machado de Assis
152. **Antes de Adão** – Jack London
153. **Intervalo amoroso** – A.Romano de Sant'Anna
154. **Memorial de Aires** – Machado de Assis
155. **Naufrágios e comentários** – Cabeza de Vaca
156. **Ubirajara** – José de Alencar
157. **Textos anarquistas** – Bakunin
159. **Amor de salvação** – Camilo Castelo Branco
160. **O gaúcho** – José de Alencar
161. **O livro das maravilhas** – Marco Polo
162. **Inocência** – Visconde de Taunay
163. **Helena** – Machado de Assis
164. **Uma estação de amor** – Horácio Quiroga
165. **Poesia reunida** – Martha Medeiros
166. **Memórias de Sherlock Holmes** – Conan Doyle
167. **A vida de Mozart** – Stendhal
168. **O primeiro terço** – Neal Cassady
169. **O mandarim** – Eça de Queiroz
170. **Um espinho de marfim** – Marina Colasanti
171. **A ilustre Casa de Ramires** – Eça de Queiroz
172. **Lucíola** – José de Alencar
173. **Antígona** – Sófocles – trad. Donaldo Schüler
174. **Otelo** – William Shakespeare
175. **Antologia** – Gregório de Matos
176. **A liberdade de imprensa** – Karl Marx
177. **Casa de pensão** – Aluísio Azevedo
178. **São Manuel Bueno, Mártir** – Unamuno
179. **Primaveras** – Casimiro de Abreu
180. **O noviço** – Martins Pena
181. **O sertanejo** – José de Alencar
182. **Eurico, o presbítero** – Alexandre Herculano
183. **O signo dos quatro** – Conan Doyle
184. **Sete anos no Tibet** – Heinrich Harrer
185. **Vagamundo** – Eduardo Galeano
186. **De repente acidentes** – Carl Solomon
187. **As minas de Salomão** – Rider Haggard
188. **Uivo** – Allen Ginsberg
189. **A ciclista solitária** – Conan Doyle
190. **Os seis bustos de Napoleão** – Conan Doyle
191. **Cortejo do divino** – Nelida Piñon
194. **Os crimes do amor** – Marquês de Sade
195. **Besame Mucho** – Mário Prata
196. **Tuareg** – Alberto Vázquez-Figueroa
197. **O longo adeus** – Raymond Chandler
199. **Notas de um velho safado** – Bukowski
200. **111 ais** – Dalton Trevisan
201. **O nariz** – Nicolai Gogol
202. **O capote** – Nicolai Gogol
203. **Macbeth** – William Shakespeare
204. **Heráclito** – Donaldo Schüler
205. **Você deve desistir, Osvaldo** – Cyro Martins
206. **Memórias de Garibaldi** – A. Dumas
207. **A arte da guerra** – Sun Tzu
208. **Fragmentos** – Caio Fernando Abreu
209. **Festa no castelo** – Moacyr Scliar
210. **O grande deflorador** – Dalton Trevisan
212. **Homem do princípio ao fim** – Millôr Fernandes
213. **Aline e seus dois namorados (1)** – A. Iturrusgarai
214. **A juba do leão** – Sir Arthur Conan Doyle
215. **Assassino metido a esperto** – R. Chandler
216. **Confissões de um comedor de ópio** – T.De Quincey
217. **Os sofrimentos do jovem Werther** – Goethe
218. **Fedra** – Racine / Trad. Millôr Fernandes
219. **O vampiro de Sussex** – Conan Doyle
220. **Sonho de uma noite de verão** – Shakespeare
221. **Dias e noites de amor e de guerra** – Galeano
222. **O Profeta** – Khalil Gibran
223. **Flávia, cabeça, tronco e membros** – M. Fernandes
224. **Guia da ópera** – Jeanne Suhamy
225. **Macário** – Álvares de Azevedo
226. **Etiqueta na prática** – Celia Ribeiro
227. **Manifesto do partido comunista** – Marx & Engels
228. **Poemas** – Millôr Fernandes
229. **Um inimigo do povo** – Henrik Ibsen
230. **O paraíso destruído** – Frei B. de las Casas
231. **O gato no escuro** – Josué Guimarães
232. **O mágico de Oz** – L. Frank Baum
233. **Armas no Cyrano's** – Raymond Chandler
234. **Max e os felinos** – Moacyr Scliar
235. **Nos céus de Paris** – Alcy Cheuiche
236. **Os bandoleiros** – Schiller
237. **A primeira coisa que eu botei na boca** – Deonísio da Silva
238. **As aventuras de Simbad, o marujo**
239. **O retrato de Dorian Gray** – Oscar Wilde
240. **A carteira de meu tio** – J. Manuel de Macedo
241. **A luneta mágica** – J. Manuel de Macedo
242. **A metamorfose** – Kafka
243. **A flecha de ouro** – Joseph Conrad
244. **A ilha do tesouro** – R. L. Stevenson
245. **Marx - Vida & Obra** – José A. Giannotti
246. **Gênesis**
247. **Unidos para sempre** – Ruth Rendell
248. **A arte de amar** – Ovídio
249. **O sono eterno** – Raymond Chandler
250. **Novas receitas do Anonymus Gourmet** – J.A.P.M.

251. **A nova catacumba** – Arthur Conan Doyle
252. **Dr. Negro** – Arthur Conan Doyle
253. **Os voluntários** – Moacyr Scliar
254. **A bela adormecida** – Irmãos Grimm
255. **O príncipe sapo** – Irmãos Grimm
256. **Confissões** *e* **Memórias** – H. Heine
257. **Viva o Alegrete** – Sergio Faraco
258. **Vou estar esperando** – R. Chandler
259. **A senhora Beate e seu filho** – Schnitzler
260. **O ovo apunhalado** – Caio Fernando Abreu
261. **O ciclo das águas** – Moacyr Scliar
262. **Millôr Definitivo** – Millôr Fernandes
264. **Viagem ao centro da Terra** – Júlio Verne
265. **A dama do lago** – Raymond Chandler
266. **Caninos brancos** – Jack London
267. **O médico e o monstro** – R. L. Stevenson
268. **A tempestade** – William Shakespeare
269. **Assassinatos na rua Morgue** – E. Allan Poe
270. **99 corruíras nanicas** – Dalton Trevisan
271. **Broquéis** – Cruz e Sousa
272. **Mês de cães danados** – Moacyr Scliar
273. **Anarquistas – vol. 1 – A idéia** – G. Woodcock
274. **Anarquistas – vol. 2 – O movimento** – G. Woodcock
275. **Pai e filho, filho e pai** – Moacyr Scliar
276. **As aventuras de Tom Sawyer** – Mark Twain
277. **Muito barulho por nada** – W. Shakespeare
278. **Elogio da loucura** – Erasmo
279. **Autobiografia de Alice B. Toklas** – G. Stein
280. **O chamado da floresta** – J. London
281. **Uma agulha para o diabo** – Ruth Rendell
282. **Verdes vales do fim do mundo** – A. Bivar
283. **Ovelhas negras** – Caio Fernando Abreu
284. **O fantasma de Canterville** – O. Wilde
285. **Receitas de Yayá Ribeiro** – Celia Ribeiro
286. **A galinha degolada** – H. Quiroga
287. **O último adeus de Sherlock Holmes** – A. Conan Doyle
288. **A. Gourmet** *em* **Histórias de cama & mesa** – J. A. Pinheiro Machado
289. **Topless** – Martha Medeiros
290. **Mais receitas do Anonymus Gourmet** – J. A. Pinheiro Machado
291. **Origens do discurso democrático** – D. Schüler
292. **Humor politicamente incorreto** – Nani
293. **O teatro do bem e do mal** – E. Galeano
294. **Garibaldi & Manoela** – J. Guimarães
295. **10 dias que abalaram o mundo** – John Reed
296. **Numa fria** – Bukowski
297. **Poesia de Florbela Espanca** vol. 1
298. **Poesia de Florbela Espanca** vol. 2
299. **Escreva certo** – E. Oliveira e M. E. Bernd
300. **O vermelho e o negro** – Stendhal
301. **Ecce homo** – Friedrich Nietzsche
302.(7). **Comer bem, sem culpa** – Dr. Fernando Lucchese, A. Gourmet e Iotti
303. **O livro de Cesário Verde** – Cesário Verde
305. **100 receitas de macarrão** – S. Lancellotti
306. **160 receitas de molhos** – S. Lancellotti
307. **100 receitas light** – H. e Â. Tonetto
308. **100 receitas de sobremesas** – Celia Ribeiro
309. **Mais de 100 dicas de churrasco** – Leon Diziekaniak
310. **100 receitas de acompanhamentos** – C. Cabeda
311. **Honra ou vendetta** – S. Lancellotti
312. **A alma do homem sob o socialismo** – Oscar Wilde
313. **Tudo sobre Yôga** – Mestre De Rose
314. **Os varões assinalados** – Tabajara Ruas
315. **Édipo em Colono** – Sófocles
316. **Lisístrata** – Aristófanes / trad. Millôr
317. **Sonhos de Bunker Hill** – John Fante
318. **Os deuses de Raquel** – Moacyr Scliar
319. **O colosso de Marússia** – Henry Miller
320. **As eruditas** – Molière / trad. Millôr
321. **Radicci 1** – Iotti
322. **Os Sete contra Tebas** – Ésquilo
323. **Brasil Terra à vista** – Eduardo Bueno
324. **Radicci 2** – Iotti
325. **Júlio César** – William Shakespeare
326. **A carta de Pero Vaz de Caminha**
327. **Cozinha Clássica** – Silvio Lancellotti
328. **Madame Bovary** – Gustave Flaubert
329. **Dicionário do viajante insólito** – M. Scliar
330. **O capitão saiu para o almoço...** – Bukowski
331. **A carta roubada** – Edgar Allan Poe
332. **É tarde para saber** – Josué Guimarães
333. **O livro de bolso da Astrologia** – Maggy Harrisonx e Mellina Li
334. **1933 foi um ano ruim** – John Fante
335. **100 receitas de arroz** – Aninha Comas
336. **Guia prático do Português correto – vol. 1** – Cláudio Moreno
337. **Bartleby, o escriturário** – H. Melville
338. **Enterrem meu coração na curva do rio** – Dee Brown
339. **Um conto de Natal** – Charles Dickens
340. **Cozinha sem segredos** – J. A. P. Machado
341. **A dama das Camélias** – A. Dumas Filho
342. **Alimentação saudável** – H. e Â. Tonetto
343. **Continhos galantes** – Dalton Trevisan
344. **A Divina Comédia** – Dante Alighieri
345. **A Dupla Sertanojo** – Santiago
346. **Cavalos do amanhecer** – Mario Arregui
347. **Biografia de Vincent van Gogh por sua cunhada** – Jo van Gogh-Bonger
348. **Radicci 3** – Iotti
349. **Nada de novo no front** – E. M. Remarque
350. **A hora dos assassinos** – Henry Miller
351. **Flush - Memórias de um cão** – Virginia Woolf
352. **A guerra no Bom Fim** – M. Scliar
353(1). **O caso Saint-Fiacre** – Simenon
354(2). **Morte na alta sociedade** – Simenon
355(3). **O cão amarelo** – Simenon
356(4). **Maigret e o homem do banco** – Simenon
357. **As uvas e o vento** – Pablo Neruda
358. **On the road** – Jack Kerouac
359. **O coração amarelo** – Pablo Neruda
360. **Livro das perguntas** – Pablo Neruda
361. **Noite de Reis** – William Shakespeare
362. **Manual de Ecologia** – vol.1 – J. Lutzenberger
363. **O mais longo dos dias** – Cornelius Ryan
364. **Foi bom prá você?** – Nani
365. **Crepusculário** – Pablo Neruda
366. **A comédia dos erros** – Shakespeare
367(5). **A primeira investigação de Maigret** – Simenon

368(6).As férias de Maigret – Simenon
369.Mate-me por favor (vol.1) – L. McNeil
370.Mate-me por favor (vol.2) – L. McNeil
371.Carta ao pai – Kafka
372.Os vagabundos iluminados – J. Kerouac
373(7).O enforcado – Simenon
374(8).A fúria de Maigret – Simenon
375.Vargas, uma biografia política – H. Silva
376.Poesia reunida (vol.1) – A. R. de Sant'Anna
377.Poesia reunida (vol.2) – A. R. de Sant'Anna
378.Alice no país do espelho – Lewis Carroll
379.Residência na Terra 1 – Pablo Neruda
380.Residência na Terra 2 – Pablo Neruda
381.Terceira Residência – Pablo Neruda
382.O delírio amoroso – Bocage
383.Futebol ao sol e à sombra – E. Galeano
384(9).O porto das brumas – Simenon
385(10).Maigret e seu morto – Simenon
386.Radicci 4 – Iotti
387.Boas maneiras & sucesso nos negócios – Celia Ribeiro
388.Uma história Farroupilha – M. Scliar
389.Na mesa ninguém envelhece – J. A. P. Machado
390.200 receitas inéditas do Anonymus Gourmet – J. A. Pinheiro Machado
391.Guia prático do Português correto – vol.2 – Cláudio Moreno
392.Breviário das terras do Brasil – Assis Brasil
393.Cantos Cerimoniais – Pablo Neruda
394.Jardim de Inverno – Pablo Neruda
395.Antonio e Cleópatra – William Shakespeare
396.Tróia – Cláudio Moreno
397.Meu tio matou um cara – Jorge Furtado
398.O anatomista – Federico Andahazi
399.As viagens de Gulliver – Jonathan Swift
400.Dom Quixote – (v. 1) – Miguel de Cervantes
401.Dom Quixote – (v. 2) – Miguel de Cervantes
402.Sozinho no Pólo Norte – Thomaz Brandolin
403.Matadouro 5 – Kurt Vonnegut
404.Delta de Vênus – Anaïs Nin
405.O melhor de Hagar 2 – Dik Browne
406.É grave Doutor? – Nani
407.Orai pornô – Nani
408(11).Maigret em Nova York – Simenon
409(12).O assassino sem rosto – Simenon
410(13).O mistério das jóias roubadas – Simenon
411.A irmãzinha – Raymond Chandler
412.Três contos – Gustave Flaubert
413.De ratos e homens – John Steinbeck
414.Lazarilho de Tormes – Anônimo do séc. XVI
415.Triângulo das águas – Caio Fernando Abreu
416.100 receitas de carnes – Sílvio Lancellotti
417.Histórias de robôs: vol. 1 – org. Isaac Asimov
418.Histórias de robôs: vol. 2 – org. Isaac Asimov
419.Histórias de robôs: vol. 3 – org. Isaac Asimov
420.O país dos centauros – Tabajara Ruas
421.A república de Anita – Tabajara Ruas
422.A carga dos lanceiros – Tabajara Ruas
423.Um amigo de Kafka – Isaac Singer
424.As alegres matronas de Windsor – Shakespeare
425.Amor e exílio – Isaac Bashevis Singer
426.Use & abuse do seu signo – Marília Fiorillo e Marylou Simonsen
427.Pigmaleão – Bernard Shaw
428.As fenícias – Eurípides
429.Everest – Thomaz Brandolin
430.A arte de furtar – Anônimo do séc. XVI
431.Billy Bud – Herman Melville
432.A rosa separada – Pablo Neruda
433.Elegia – Pablo Neruda
434.A garota de Cassidy – David Goodis
435.Como fazer a guerra: máximas de Napoleão – Balzac
436.Poemas escolhidos – Emily Dickinson
437.Gracias por el fuego – Mario Benedetti
438.O sofá – Crébillon Fils
439.O "Martín Fierro" – Jorge Luis Borges
440.Trabalhos de amor perdidos – W. Shakespeare
441.O melhor de Hagar 3 – Dik Browne
442.Os Maias (volume1) – Eça de Queiroz
443.Os Maias (volume2) – Eça de Queiroz
444.Anti-Justine – Restif de La Bretonne
445.Juventude – Joseph Conrad
446.Contos – Eça de Queiroz
447.Janela para a morte – Raymond Chandler
448.Um amor de Swann – Marcel Proust
449.À paz perpétua – Immanuel Kant
450.A conquista do México – Hernan Cortez
451.Defeitos escolhidos e 2000 – Pablo Neruda
452.O casamento do céu e do inferno – William Blake
453.A primeira viagem ao redor do mundo – Antonio Pigafetta
454(14).Uma sombra na janela – Simenon
455(15).A noite da encruzilhada – Simenon
456(16).A velha senhora – Simenon
457.Sartre – Annie Cohen-Solal
458.Discurso do método – René Descartes
459.Garfield em grande forma (1) – Jim Davis
460.Garfield está de dieta (2) – Jim Davis
461.O livro das feras – Patricia Highsmith
462.Viajante solitário – Jack Kerouac
463.Auto da barca do inferno – Gil Vicente
464.O livro vermelho dos pensamentos de Millôr – Millôr Fernandes
465.O livro dos abraços – Eduardo Galeano
466.Voltaremos! – José Antonio Pinheiro Machado
467.Rango – Edgar Vasques
468(8).Dieta mediterrânea – Dr. Fernando Lucchese e José Antonio Pinheiro Machado
469.Radicci 5 – Iotti
470.Pequenos pássaros – Anaïs Nin
471.Guia prático do Português correto – vol.3 – Cláudio Moreno
472.Atire no pianista – David Goodis
473.Antologia Poética – García Lorca
474.Alexandre e César – Plutarco
475.Uma espiã na casa do amor – Anaïs Nin
476.A gorda do Tiki Bar – Dalton Trevisan
477.Garfield um gato de peso (3) – Jim Davis
478.Canibais – Daniel Coimbra
479.A arte de escrever – Arthur Schopenhauer
480.Pinóquio – Carlo Collodi
481.Misto-quente – Bukowski
482.A lua na sarjeta – David Goodis
483.O melhor do Recruta Zero (1) – Mort Walker

484. Aline: TPM – tensão pré-monstrual (2) – Adão Iturrusgarai
485. Sermões do Padre Antonio Vieira
486. Garfield numa boa (4) – Jim Davis
487. Mensagem – Fernando Pessoa
488. Vendeta *seguido de* A paz conjugal – Balzac
489. Poemas de Alberto Caeiro – Fernando Pessoa
490. Ferragus – Honoré de Balzac
491. A duquesa de Langeais – Honoré de Balzac
492. A menina dos olhos de ouro – Honoré de Balzac
493. O lírio do vale – Honoré de Balzac
494. (17). A barcaça da morte – Simenon
495. (18). As testemunhas rebeldes – Simenon
496. (19). Um engano de Maigret – Simenon
497. (1). A noite das bruxas – Agatha Christie
498. (2). Um passe de mágica – Agatha Christie
499. (3). Nêmesis – Agatha Christie
500. Esboço para uma teoria das emoções – Sartre
501. Renda básica de cidadania – Eduardo Suplicy
502. (1). Pílulas para viver melhor – Dr. Lucchese
503. (2). Pílulas para prolongar a juventude – Dr. Lucchese
504. (3). Desembarcando o diabetes – Dr. Lucchese
505. (4). Desembarcando o sedentarismo – Dr. Fernando Lucchese e Cláudio Castro
506. (5). Desembarcando a hipertensão – Dr. Lucchese
507. (6). Desembarcando o colesterol – Dr. Fernando Lucchese e Fernanda Lucchese
508. Estudos de mulher – Balzac
509. O terceiro tira – Flann O'Brien
510. 100 receitas de aves e ovos – J. A. P. Machado
511. Garfield em toneladas de diversão (5) – Jim Davis
512. Trem-bala – Martha Medeiros
513. Os cães ladram – Truman Capote
514. O Kama Sutra de Vatsyayana
515. O crime do Padre Amaro – Eça de Queiroz
516. Odes de Ricardo Reis – Fernando Pessoa
517. O inverno da nossa desesperança – Steinbeck
518. Piratas do Tietê (1) – Laerte
519. Rê Bordosa: do começo ao fim – Angeli
520. O Harlem é escuro – Chester Himes
521. Café-da-manhã dos campeões – Kurt Vonnegut
522. Eugénie Grandet – Balzac
523. O último magnata – F. Scott Fitzgerald
524. Carol – Patricia Highsmith
525. 100 receitas de patisseria – Sílvio Lancellotti
526. O fator humano – Graham Greene
527. Tristessa – Jack Kerouac
528. O diamante do tamanho do Ritz – S. Fitzgerald
529. As melhores histórias de Sherlock Holmes – Arthur Conan Doyle
530. Cartas a um jovem poeta – Rilke
531. (20). Memórias de Maigret – Simenon
532. (4). O misterioso sr. Quin – Agatha Christie
533. Os analectos – Confúcio
534. (21). Maigret e os homens de bem – Simenon
535. (22). O medo de Maigret – Simenon
536. Ascensão e queda de César Birotteau – Balzac
537. Sexta-feira negra – David Goodis
538. Ora bolas – O humor de Mario Quintana (1) – Juarez Fonseca
539. Longe daqui aqui mesmo – Antonio Bivar
540. (5). É fácil matar – Agatha Christie
541. O pai Goriot – Balzac
542. Brasil, um país do futuro – Stefan Zweig
543. O processo – Kafka
544. O melhor de Hagar 4 – Dik Browne
545. (6). Por que não pediram a Evans? – Agatha Christie
546. Fanny Hill – John Cleland
547. O gato por dentro – William S. Burroughs
548. Sobre a brevidade da vida – Sêneca
549. Geraldão (1) – Glauco
550. Piratas do Tietê (2) – Laerte
551. Pagando o pato – Ciça
552. Garfield de bom humor (6) – Jim Davis
553. Conhece o Mário? vol.1 – Santiago
554. Radicci 6 – Iotti
555. Os subterrâneos – Jack Kerouac
556. (1). Balzac – François Taillandier
557. (2). Modigliani – Christian Parisot
558. (3). Kafka – Gérard-Georges Lemaire
559. (4). Júlio César – Joël Schmidt
560. Receitas da família – J. A. Pinheiro Machado
561. Boas maneiras à mesa – Celia Ribeiro
562. (9). Filhos sadios, pais felizes – R. Pagnoncelli
563. (10). Fatos & mitos – Dr. Fernando Lucchese
564. Ménage à trois – Paula Taitelbaum
565. Mulheres! – David Coimbra
566. Poemas de Álvaro de Campos – Fernando Pessoa
567. Medo e outras histórias – Stefan Zweig
568. Snoopy e sua turma (1) – Schulz
569. Piadas para sempre (1) – Visconde da Casa Verde
570. O alvo móvel – Ross Macdonald
571. O melhor do Recruta Zero (2) – Mort Walker
572. Um sonho americano – Norman Mailer
573. Os broncos também amam – Angeli
574. Crônica de um amor louco – Bukowski
575. (5). Freud – René Major e Chantal Talagrand
576. (6). Picasso – Gilles Plazy
577. (7). Gandhi – Christine Jordis
578. A tumba – H. P. Lovecraft
579. O príncipe e o mendigo – Mark Twain
580. Garfield, um charme de gato (7) – Jim Davis
581. Ilusões perdidas – Balzac
582. Esplendores e misérias das cortesãs – Balzac
583. Walter Ego – Angeli
584. Striptiras (1) – Laerte
585. Fagundes: um puxa-saco de mão cheia – Laerte
586. Depois do último trem – Josué Guimarães
587. Ricardo III – Shakespeare
588. Dona Anja – Josué Guimarães
589. 24 horas na vida de uma mulher – Stefan Zweig
590. O terceiro homem – Graham Greene
591. Mulher no escuro – Dashiell Hammett
592. No que acredito – Bertrand Russell
593. Odisséia (1): Telemaquia – Homero
594. O cavalo cego – Josué Guimarães
595. Henrique V – Shakespeare
596. Fabulário geral do delírio cotidiano – Bukowski
597. Tiros na noite 1: A mulher do bandido – Dashiell Hammett
598. Snoopy em Feliz Dia dos Namorados! (2) – Schulz
599. Mas não se matam cavalos? – Horace McCoy
600. Crime e castigo – Dostoiévski

601(7).**Mistério no Caribe** – Agatha Christie
602.**Odisséia (2): Regresso** – Homero
603.**Piadas para sempre (2)** – Visconde da Casa Verde
604.**À sombra do vulcão** – Malcolm Lowry
605(8).**Kerouac** – Yves Buin
606.**E agora são cinzas** – Angeli
607.**As mil e uma noites** – Paulo Caruso
608.**Um assassino entre nós** – Ruth Rendell
609.**Crack-up** – F. Scott Fitzgerald
610.**Do amor** – Stendhal
611.**Cartas do Yage** – William Burroughs e Allen Ginsberg
612.**Striptiras (2)** – Laerte
613.**Henry & June** – Anaïs Nin
614.**A piscina mortal** – Ross Macdonald
615.**Geraldão (2)** – Glauco
616.**Tempo de indelicadeza** – A. R. de Sant'Anna
617.**Tiros na noite 2: Medo de tiro** – Dashiell Hammett
618.**Snoopy em Assim é a vida, Charlie Brown! (3)** – Schulz
619.**1954 – Um tiro no coração** – Hélio Silva
620.**Sobre a inspiração poética (Íon) e ...** – Platão
621.**Garfield e seus amigos (8)** – Jim Davis
622.**Odisséia (3): Ítaca** – Homero
623.**A louca matança** – Chester Himes
624.**Factótum** – Bukowski
625.**Guerra e Paz: volume 1** – Tolstói
626.**Guerra e Paz: volume 2** – Tolstói
627.**Guerra e Paz: volume 3** – Tolstói
628.**Guerra e Paz: volume 4** – Tolstói
629(9).**Shakespeare** – Claude Mourthé
630.**Bem está o que bem acaba** – Shakespeare
631.**O contrato social** – Rousseau
632.**Geração Beat** – Jack Kerouac
633.**Snoopy: É Natal! (4)** – Charles Schulz
634(8).**Testemunha da acusação** – Agatha Christie
635.**Um elefante no caos** – Millôr Fernandes
636.**Guia de leitura (100 autores que você precisa ler)** – Organização de Léa Masina
637.**Pistoleiros também mandam flores** – David Coimbra
638.**O prazer das palavras** – vol. 1 – Cláudio Moreno
639.**O prazer das palavras** – vol. 2 – Cláudio Moreno
640.**Novíssimo testamento: com Deus e o diabo, a dupla da criação** – Iotti
641.**Literatura Brasileira: modos de usar** – Luís Augusto Fischer
642.**Dicionário de Porto-Alegrês** – Luís A. Fischer
643.**Clô Dias & Noites** – Sérgio Jockymann
644.**Memorial de Isla Negra** – Pablo Neruda
645.**Um homem extraordinário e outras histórias** – Tchékhov
646.**Ana sem terra** – Alcy Cheuiche
647.**Adultérios** – Woody Allen
648.**Para sempre ou nunca mais** – R. Chandler
649.**Nosso homem em Havana** – Graham Greene
650.**Dicionário Caldas Aulete de Bolso**
651.**Snoopy: Posso fazer uma pergunta, professora? (5)** – Charles Schulz
652(10).**Luís XVI** – Bernard Vincent
653.**O mercador de Veneza** – Shakespeare
654.**Cancioneiro** – Fernando Pessoa
655.**Non-Stop** – Martha Medeiros
656.**Carpinteiros, levantem bem alto a cumeeira & Seymour, uma apresentação** – J.D.Salinger
657.**Ensaios céticos** – Bertrand Russell
658.**O melhor de Hagar 5** – Dik e Chris Browne
659.**Primeiro amor** – Ivan Turguêniev
660.**A trégua** – Mario Benedetti
661.**Um parque de diversões da cabeça** – Lawrence Ferlinghetti
662.**Aprendendo a viver** – Sêneca
663.**Garfield, um gato em apuros (9)** – Jim Davis
664.**Dilbert 1** – Scott Adams
665.**Dicionário de dificuldades** – Domingos Paschoal Cegalla
666.**A imaginação** – Jean-Paul Sartre
667.**O ladrão e os cães** – Naguib Mahfuz
668.**Gramática do português contemporâneo** – Celso Cunha
669.**A volta do parafuso** *seguido de* **Daisy Miller** – Henry James
670.**Notas do subsolo** – Dostoiévski
671.**Abobrinhas da Brasilônia** – Glauco
672.**Geraldão (3)** – Glauco
673.**Piadas para sempre (3)** – Visconde da Casa Verde
674.**Duas viagens ao Brasil** – Hans Staden
675.**Bandeira de bolso** – Manuel Bandeira
676.**A arte da guerra** – Maquiavel
677.**Além do bem e do mal** – Nietzsche
678.**O coronel Chabert** *seguido de* **A mulher abandonada** – Balzac
679.**O sorriso de marfim** – Ross Macdonald
680.**100 receitas de pescados** – Sílvio Lancellotti
681.**O juiz e seu carrasco** – Friedrich Dürrenmatt
682.**Noites brancas** – Dostoiévski
683.**Quadras ao gosto popular** – Fernando Pessoa
684.**Romanceiro da Inconfidência** – Cecília Meireles
685.**Kaos** – Millôr Fernandes
686.**A pele de onagro** – Balzac
687.**As ligações perigosas** – Choderlos de Laclos
688.**Dicionário de matemática** – Luiz Fernandes Cardoso
689.**Os Lusíadas** – Luís Vaz de Camões
690(11).**Átila** – Éric Deschodt
691.**Um jeito tranqüilo de matar** – Chester Himes
692.**A felicidade conjugal** *seguido de* **O diabo** – Tolstói
693.**Viagem de um naturalista ao redor do mundo** – vol. 1 – Charles Darwin
694.**Viagem de um naturalista ao redor do mundo** – vol. 2 – Charles Darwin
695.**Memórias da casa dos mortos** – Dostoiévski
696.**A Celestina** – Fernando de Rojas
697.**Snoopy: Como você é azarado, Charlie Brown! (6)** – Charles Schulz
698.**Dez (quase) amores** – Claudia Tajes
699(9).**Poirot sempre espera** – Agatha Christie
700.**Cecília de bolso** – Cecília Meireles
701.**Apologia de Sócrates** *precedido de* **Êutifron e** *seguido de* **Críton** – Platão
702.**Wood & Stock** – Angeli
703.**Striptiras (3)** – Laerte

704. **Discurso sobre a origem e os fundamentos da desigualdade entre os homens** – Rousseau
705. **Os duelistas** – Joseph Conrad
706. **Dilbert (2)** – Scott Adams
707. **Viver e escrever** (vol. 1) – Edla van Steen
708. **Viver e escrever** (vol. 2) – Edla van Steen
709. **Viver e escrever** (vol. 3) – Edla van Steen
710(10). **A teia da aranha** – Agatha Christie
711. **O banquete** – Platão
712. **Os belos e malditos** – F. Scott Fitzgerald
713. **Libelo contra a arte moderna** – Salvador Dalí
714. **Akropolis** – Valerio Massimo Manfredi
715. **Devoradores de mortos** – Michael Crichton
716. **Sob o sol da Toscana** – Frances Mayes
717. **Batom na cueca** – Nani
718. **Vida dura** – Claudia Tajes
719. **Carne trêmula** – Ruth Rendell
720. **Cris, a fera** – David Coimbra
721. **O anticristo** – Nietzsche
722. **Como um romance** – Daniel Pennac
723. **Emboscada no Forte Bragg** – Tom Wolfe
724. **Assédio sexual** – Michael Crichton
725. **O espírito do Zen** – Alan W. Watts
726. **Um bonde chamado desejo** – Tennessee Williams
727. **Como gostais** *seguido de* **Conto de inverno** – Shakespeare
728. **Tratado sobre a tolerância** – Voltaire
729. **Snoopy: Doces ou travessuras? (7)** – Charles Schulz
730. **Cardápios do Anonymus Gourmet** – J.A. Pinheiro Machado
731. **100 receitas com lata** – J.A. Pinheiro Machado
732. **Conhece o Mário?** vol.2 – Santiago
733. **Dilbert (3)** – Scott Adams
734. **História de um louco amor** *seguido de* **Passado amor** – Horacio Quiroga
735(11). **Sexo: muito prazer** – Laura Meyer da Silva
736(12). **Para entender o adolescente** – Dr. Ronald Pagnoncelli
737(13). **Desembarcando a tristeza** – Dr. Fernando Lucchese
738. **Poirot e o mistério da arca espanhola & outras histórias** – Agatha Christie
739. **A última legião** – Valerio Massimo Manfredi
740. **As virgens suicidas** – Jeffrey Eugenides
741. **Sol nascente** – Michael Crichton
742. **Duzentos ladrões** – Dalton Trevisan
743. **Os devaneios do caminhante solitário** – Rousseau
744. **Garfield, o rei da preguiça (10)** – Jim Davis
745. **Os magnatas** – Charles R. Morris
746. **Pulp** – Charles Bukowski
747. **Enquanto agonizo** – William Faulkner
748. **Aline: vicíada em sexo (3)** – Adão Iturrusgarai
749. **A dama do cachorrinho** – Anton Tchékhov
750. **Tito Andrônico** – Shakespeare
751. **Antologia poética** – Anna Akhmátova
752. **O melhor de Hagar 6** – Dik e Chris Browne
753(12). **Michelangelo** – Nadine Sautel
754. **Dilbert (4)** – Scott Adams
755. **O jardim das cerejeiras** *seguido de* **Tio Vânia** – Tchékhov
756. **Geração Beat** – Claudio Willer
757. **Santos Dumont** – Alcy Cheuiche
758. **Budismo** – Claude B. Levenson
759. **Cleópatra** – Christian-Georges Schwentzel
760. **Revolução Francesa** – Frédéric Bluche, Stéphane Rials e Jean Tulard
761. **A crise de 1929** – Bernard Gazier
762. **Sigmund Freud** – Edson Sousa e Paulo Endo
763. **Império Romano** – Patrick Le Roux
764. **Cruzadas** – Cécile Morrisson
765. **O mistério do Trem Azul** – Agatha Christie
766. **Os escrúpulos de Maigret** – Simenon
767. **Maigret se diverte** – Simenon
768. **Senso comum** – Thomas Paine
769. **O parque dos dinossauros** – Michael Crichton
770. **Trilogia da paixão** – Goethe
771. **A simples arte de matar** (vol.1) – R. Chandler
772. **A simples arte de matar** (vol.2) – R. Chandler
773. **Snoopy: No mundo da lua! (8)** – Charles Schulz
774. **Os Quatro Grandes** – Agatha Christie
775. **Um brinde de cianureto** – Agatha Christie
776. **Súplicas atendidas** – Truman Capote
777. **Ainda restam aveleiras** – Simenon
778. **Maigret e o ladrão preguiçoso** – Simenon
779. **A viúva imortal** – Millôr Fernandes
780. **Cabala** – Roland Goetschel
781. **Capitalismo** – Claude Jessua
782. **Mitologia grega** – Pierre Grimal
783. **Economia: 100 palavras-chave** – Jean-Paul Betbèze
784. **Marxismo** – Henri Lefebvre
785. **Punição para a inocência** – Agatha Christie
786. **A extravagância do morto** – Agatha Christie
787(13). **Cézanne** – Bernard Fauconnier
788. **A identidade Bourne** – Robert Ludlum
789. **Da tranquilidade da alma** – Sêneca
790. **Um artista da fome** *seguido de* **Na colônia penal e outras histórias** – Kafka
791. **Histórias de fantasmas** – Charles Dickens
792. **A louca de Maigret** – Simenon
793. **O amigo de infância de Maigret** – Simenon
794. **O revólver de Maigret** – Simenon
795. **A fuga do sr. Monde** – Simenon
796. **O Uraguai** – Basílio da Gama
797. **A mão misteriosa** – Agatha Christie
798. **Testemunha ocular do crime** – Agatha Christie
799. **Crepúsculo dos ídolos** – Friedrich Nietzsche
800. **Maigret e o negociante de vinhos** – Simenon
801. **Maigret e o mendigo** – Simenon
802. **O grande golpe** – Dashiell Hammett
803. **Humor barra pesada** – Nani
804. **Vinho** – Jean-François Gautier
805. **Egito Antigo** – Sophie Desplancques
806(14). **Baudelaire** – Jean-Baptiste Baronian
807. **Caminho da sabedoria, caminho da paz** – Dalai Lama e Felizitas von Schönborn
808. **Senhor e servo e outras histórias** – Tolstói
809. **Os cadernos de Malte Laurids Brigge** – Rilke
810. **Dilbert (5)** – Scott Adams
811. **Big Sur** – Jack Kerouac
812. **Seguindo a correnteza** – Agatha Christie
813. **O álibi** – Sandra Brown
814. **Montanha-russa** – Martha Medeiros
815. **Coisas da vida** – Martha Medeiros

816. **A cantada infalível** *seguido de* **A mulher do centroavante** – David Coimbra
817. **Maigret e os crimes do cais** – Simenon
818. **Sinal vermelho** – Simenon
819. **Snoopy: Pausa para a soneca (9)** – Charles Schulz
820. **De pernas pro ar** – Eduardo Galeano
821. **Tragédias gregas** – Pascal Thiercy
822. **Existencialismo** – Jacques Colette
823. **Nietzsche** – Jean Granier
824. **Amar ou depender?** – Walter Riso
825. **Darmapada: A doutrina budista em versos**
826. **J'Accuse...! – a verdade em marcha** – Zola
827. **Os crimes ABC** – Agatha Christie
828. **Um gato entre os pombos** – Agatha Christie
829. **Maigret e o sumiço do sr. Charles** – Simenon
830. **Maigret e a morte do jogador** – Simenon
831. **Dicionário de teatro** – Luiz Paulo Vasconcellos
832. **Cartas extraviadas** – Martha Medeiros
833. **A longa viagem de prazer** – J. J. Morosoli
834. **Receitas fáceis** – J. A. Pinheiro Machado
835. **(14).Mais fatos & mitos** – Dr. Fernando Lucchese
836. **(15).Boa viagem!** – Dr. Fernando Lucchese
837. **Aline: Finalmente nua!!! (4)** – Adão Iturrusgarai
838. **Mônica tem uma novidade!** – Mauricio de Sousa
839. **Cebolinha em apuros!** – Mauricio de Sousa
840. **Sócios no crime** – Agatha Christie
841. **Bocas do tempo** – Eduardo Galeano
842. **Orgulho e preconceito** – Jane Austen
843. **Impressionismo** – Dominique Lobstein
844. **Escrita chinesa** – Viviane Alleton
845. **Paris: uma história** – Yvan Combeau
846. **(15).Van Gogh** – David Haziot
847. **Maigret e o corpo sem cabeça** – Simenon
848. **Portal do destino** – Agatha Christie
849. **O futuro de uma ilusão** – Freud
850. **O mal-estar na cultura** – Freud
851. **Maigret e o matador** – Simenon
852. **Maigret e o fantasma** – Simenon
853. **Um crime adormecido** – Agatha Christie
854. **Satori em Paris** – Jack Kerouac
855. **Medo e delírio em Las Vegas** – Hunter Thompson
856. **Um negócio fracassado e outros contos de humor** – Tchékhov
857. **Mônica está de férias!** – Mauricio de Sousa
858. **De quem é esse coelho?** – Mauricio de Sousa
859. **O burgomestre de Furnes** – Simenon
860. **O mistério Sittaford** – Agatha Christie
861. **Manhã transfigurada** – Luiz Antonio de Assis Brasil
862. **Alexandre, o Grande** – Pierre Briant
863. **Jesus** – Charles Perrot
864. **Islã** – Paul Balta
865. **Guerra da Secessão** – Farid Ameur
866. **Um rio que vem da Grécia** – Cláudio Moreno
867. **Maigret e os colegas americanos** – Simenon
868. **Assassinato na casa do pastor** – Agatha Christie
869. **Manual do líder** – Napoleão Bonaparte
870. **(16).Billie Holiday** – Sylvia Fol
871. **Bidu arrasando!** – Mauricio de Sousa
872. **Desventuras em família** – Mauricio de Sousa
873. **Liberty Bar** – Simenon
874. **E no final a morte** – Agatha Christie
875. **Guia prático do Português correto – vol. 4** – Cláudio Moreno
876. **Dilbert (6)** – Scott Adams
877. **(17).Leonardo da Vinci** – Sophie Chauveau
878. **Bella Toscana** – Frances Mayes
879. **A arte da ficção** – David Lodge
880. **Striptiras (4)** – Laerte
881. **Skrotinhos** – Angeli
882. **Depois do funeral** – Agatha Christie
883. **Radicci 7** – Iotti
884. **Walden** – H. D. Thoreau
885. **Lincoln** – Allen C. Guelzo
886. **Primeira Guerra Mundial** – Michael Howard
887. **A linha de sombra** – Joseph Conrad
888. **O amor é um cão dos diabos** – Bukowski

Série Biografias **L**&**PM** POCKET:

Albert Einstein – Laurent Seksik
Átila – Eric Deschodt
Balzac – François Taillandier
Baudelaire – Jean-Baptiste Baronian
Billie Holiday – Sylvia Fol
Cézanne – Bernard Fauconnier
Freud – René Major e Chantal Talagrand
Gandhi – Christine Jordis
Júlio César – Joël Schmidt
Kafka – Gérard-Georges Lemaire
Kerouac – Yves Buin
Leonardo da Vinci – Sophie Chauveau
Luís XVI – Bernard Vincent
Michelangelo – Nadine Sautel
Modigliani – Christian Parisot
Picasso – Gilles Plazy
Shakespeare – Claude Mourthé
Van Gogh – David Haziot

SÉRIE **L&PM** POCKET **PLUS**

24 horas na vida de uma mulher – Stefan Zweig
Alves & Cia. – Eça de Queiroz
À paz perpétua – Immanuel Kant
As melhores histórias de Sherlock Holmes – Arthur Conan Doyle
Bartleby, o escriturário – Herman Melville
Cartas a um jovem poeta – Rainer Maria Rilke
Cartas portuguesas – Mariana Alcoforado
Cartas do Yage – William Burroughs e Allen Ginsberg
Continhos galantes – Dalton Trevisan
Dr. Negro e outras histórias de terror – Arthur Conan Doyle
Esboço para uma teoria das emoções – Jean-Paul Sartre
Juventude – Joseph Conrad
Libelo contra a arte moderna – Salvador Dalí
Liberdade, liberdade – Millôr Fernandes e Flávio Rangel
Mulher no escuro – Dashiell Hammett
No que acredito – Bertrand Russell
Noites brancas – Fiódor Dostoiévski
O casamento do céu e do inferno – William Blake
O coronel Chabert seguido de A mulher abandonada – Balzac
O diamante do tamanho do Ritz – F. Scott Fitzgerald
O gato por dentro – William S. Burroughs
O juiz e seu carrasco – Friedrich Dürrenmatt
O teatro do bem e do mal – Eduardo Galeano
O terceiro homem – Graham Greene
Poemas escolhidos – Emily Dickinson
Primeiro amor – Ivan Turguêniev
Senhor e servo e outras histórias – Tolstói
Sobre a brevidade da vida – Sêneca
Sobre a inspiração poética & Sobre a mentira – Platão
Sonetos para amar o amor – Luís Vaz de Camões
Trabalhos de amor perdidos – William Shakespeare
Tristessa – Jack Kerouac
Uma temporada no inferno – Arthur Rimbaud
Vathek – William Beckford

ENCYCLOPAEDIA é a nova série da Coleção **L&PM** POCKET, que traz livros de referência com conteúdo acessível, útil e na medida certa. São temas universais, escritos por especialistas de forma compreensível e descomplicada.

PRIMEIROS LANÇAMENTOS: **Alexandre, o Grande**, Pierre Briant – **Budismo**, Claude B. Levenson – **Cabala**, Roland Goetschel – **Capitalismo**, Claude Jessua – **Cleópatra**, Christian-Georges Schwentzel – **A crise de 1929**, Bernard Gazier – **Cruzadas**, Cécile Morrisson – **Economia: 100 palavras-chave**, Jean-Paul Betbeze – **Egito Antigo**, Sophie Desplancques – **Escrita chinesa**, Viviane Alleton – **Existencialismo**, Jacques Colette – **Geração Beat**, Claudio Willer – **Guerra da Secessão**, Farid Ameur – **Império Romano**, Patrick Le Roux – **Impressionismo**, Dominique Lobstein – **Islã**, Paul Balta – **Jesus**, Charles Perrot – **Marxismo**, Henri Lefebvre – **Mitologia grega**, Pierre Grimal – **Nietzsche**, Jean Granier – **Paris: uma história**, Yvan Combeau – **Revolução Francesa**, Frédéric Bluche, Stéphane Rials e Jean Tulard – **Santos Dumont**, Alcy Cheuiche – **Sigmund Freud**, Edson Sousa e Paulo Endo – **Tragédias gregas**, Pascal Thiercy – **Vinho**, Jean-François Gautier

L&PM POCKET **ENCYCLOPAEDIA**
Conhecimento na medida certa

IMPRESSÃO:

Gráfica Editora Pallotti
IMAGEM DE QUALIDADE

Santa Maria - RS - Fone/Fax: (55) 3220.4500
www.pallotti.com.br